● 浙江省社科规划课题成果

2018年度浙江省哲学社会科学规划课题《"一带一路"背景
浙江装备制造业转型升级的影响机制及对策研究》(编号

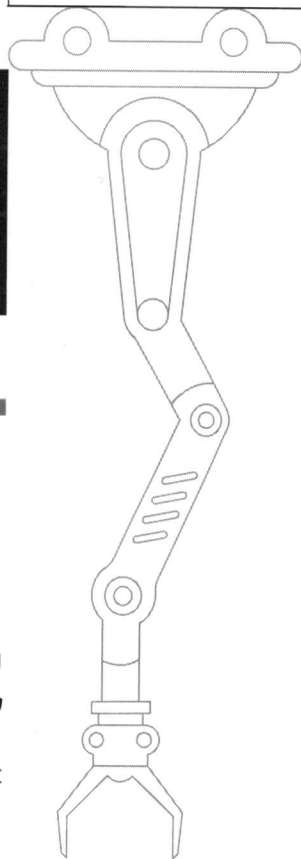

国际产能合作视角下
装备制造业转型升级研究
——以浙江省为例

江逸 ◆ 著

四川大学出版社
SICHUAN UNIVERSITY PRESS

图书在版编目（CIP）数据

国际产能合作视角下装备制造业转型升级研究 ： 以
浙江省为例 / 江逸著 . — 成都 ： 四川大学出版社，
2022.11

ISBN 978-7-5614-5186-1

Ⅰ．①国… Ⅱ．①江… Ⅲ．①制造工业－产业结构升
级－研究－浙江 Ⅳ．① F426.4

中国版本图书馆 CIP 数据核字（2022）第 217807 号

书　　名：国际产能合作视角下装备制造业转型升级研究——以浙江省为例
　　　　　Guoji Channeng Hezuo Shijiao xia Zhuangbei Zhizaoye Zhuanxing Shengji Yanjiu
　　　　　——Yi Zhejiang Sheng Wei Li
著　　者：江　逸

选题策划：王　锋
责任编辑：王　锋
责任校对：吴连英
装帧设计：裴菊红
责任印制：王　炜

出版发行：四川大学出版社有限责任公司
　　　　　地址：成都市一环路南一段 24 号（610065）
　　　　　电话：（028）85408311（发行部）、85400276（总编室）
　　　　　电子邮箱：scupress@vip.163.com
　　　　　网址：https://press.scu.edu.cn
印前制作：四川胜翔数码印务设计有限公司
印刷装订：四川省平轩印务有限公司

成品尺寸：170 mm×240 mm
印　　张：12
字　　数：212 千字

版　　次：2023 年 2 月 第 1 版
印　　次：2023 年 2 月 第 1 次印刷
定　　价：49.00 元

扫码获取数字资源

四川大学出版社
微信公众号

前　言

　　装备制造业是为国民经济发展和国防建设提供技术装备的基础产业，是国民经济的重要支撑，影响着一国的经济增长以及在国际分工体系中的位置。《装备制造业调整和振兴规划（2009—2011）》中指出：装备制造业的产业战略性关联度高、吸纳就业能力强、技术资金密集，是各行业产业升级、技术进步的重要保障和国家综合实力的集中体现。历经多年发展，我国的装备制造业已经形成门类齐全的装备制造业体系，实现了产业总量及规模的突破，而且在产业结构、对外经济形势上得到了积极改善。然而，与全球工业发达国家相比，我国装备制造业内在发展问题逐步显现：产业大而不强、自主创新能力弱、产能利用水平较低等。2015 年 5 月国务院印发了《国务院关于推进国际产能和装备制造合作的指导意见》，全面部署了推进国际产能合作的主要任务和政策措施。作为我国经济深度融入世界经济、同他国经济实现优势互补的重要内容，开展国际产能合作为促进我国装备制造产业升级，实现全球价值链攀升带来了重大的机遇和挑战。

　　浙江省作为我国对外开放程度较高的省份之一，拥有实力强劲的制造业产能优势和全球布局的浙商资源优势，近年来作为我国"一带一路"建设的重要组成部分，以基础设施建设、贸易投资合作为主题，全方位推进与"一带一路"沿线国家的开放合作和优势产能全球布局的战略部署。当前，拥有实力较强的装备制造业优势的浙江经济正面临向新常态转型的关键时期，对转变发展方式、调整经济结构提出了新要求。研究国际产能合作下的传统装备制造业的转型升级，有利于促进优势产能对外合作，形成浙江省新的经济增长点，有利于浙江省装备制造企业不断提升技术、质量和服务水平，增强整体素质和核心竞争力，实现从产品输出向产业输出的提升。

装备制造业作为中国经济的一个缩影，提高其竞争力是中国渐进式经济改革的一部分。本书理论与实际紧密结合，学术研究与实践探索互为促进，一方面从国际产能合作的角度探讨经济新常态下的装备制造产业升级问题，丰富了相关理论研究，促进交叉学科的发展；另一方面从浙江实践出发，为国家"一带一路"倡议的实现途径提供实证案例借鉴。本书的学术创新点主要有以下三个：

（1）将比较优势理论、国际产业转移理论应用到我国装备制造业的实证研究中，可以系统全面地把握和厘清装备制造业的发展现状及制约因素，并对未来的演化进行预测和仿真。

（2）从国际产能合作角度研究装备制造业竞争力的提升，这对目前我国装备制造业的实践研究做了有益的补充。

（3）推进产能合作是我国实施"一带一路"倡议的重要内容，是推动产业升级的重要途径。浙江拥有实力较强的制造业产能优势和布局全球的浙商资源优势，对浙江实践加以深入分析可以对国家战略的实现途径有所借鉴。

本书是作者在参阅了大量中外文献资料、走访浙江省一线装备制造企业调研的基础上撰写所得，体系结构清晰，内容新颖。在编写过程中，浙江金融职业学院、浙江吉利控股集团有限公司的领导和相关部门给予了大力支持和帮助，在此深表感谢。限于作者水平，且装备制造产业处于不断的改革和发展之中，书中缺点和不足在所难免，敬请读者批评指正。

江 逸

2022 年 10 月

目　录

第一章　国际产能合作概述

第一节　国际产能合作的基本内涵

一、国际产能合作背景

自十一届三中全会以来，我国通过 40 多年的改革开放既"引进来"又"走出去"，通过学习世界领先技术，借鉴别国先进经验，在逐渐发展形成产业门类齐全、技术水平较高的工业体系过程中，全面融入全球产业链，开展国际产能合作的有效承接。2015 年 5 月国务院印发了《国务院关于推进国际产能和装备制造合作的指导意见》，全面部署了推进国际产能合作的主要任务和政策措施。作为我国经济深度融入世界经济、同他国经济实现优势互补的重要内容，开展国际产能合作是我国在当前全球经济发展的时代背景下，实现世界各国工业化、城镇化及现代化水平提高的共赢之举。

（一）国际背景

2008 年由美国次贷危机引起的全球金融危机重创了全球经济，使其在经济增长方式和供需关系方面进行了深刻调整。当前，全球经济仍处于深度调整期，国际金融危机的冲击仍将在相当长的时期内深度影响全球经济的复苏。

1. 国际金融危机后全球经济持续增长乏力，发达国家对外产业转移动力趋弱

自全球金融危机以来，经过世界主要国家的量化宽松政策的推动，虽然各发达经济体的经济形势有所好转，但始终未能彻底摆脱经济危机困境，实现经济发展的完全恢复。2012—2014年，全球经济平均增速仅为3.4%，明显低于金融危机前5%以上的增速。国际货币基金组织报告提出，全球经济将不可避免地陷入长期低迷水平。在全球经济普遍放缓增长的背景下，发达国家对外产业转移趋势明显减弱。这主要体现为：一方面，发达国家在后金融危机时代普遍认识到"产业空心化"的危害，提倡本国再工业化发展，将"制造业回流"提上产业结构调整的战略日程。美国通过推出调整税收政策、鼓励科技创新、支持中小企业发展等措施，推动实体经济回归。欧盟在发布"指向增长与经济复苏的更强大的欧洲工业"的通报后，也开始了"新工业革命"。另一方面，各发达经济主体为复苏本国经济，也在积极引导国际资本回流。发达国家之间的相互投资与发展中国家之间的相互投资已日益成为国际资本流动的两大主要方向。

2. 全球基础设施建设迎来发展热潮，发展中国家加速推进工业化和城镇化进程

当今发展中国家人均GDP水平低，贫困人口多，主要分布在南亚、中亚、非洲和拉美地区。世界银行的发展报告建议，发展中国家基础设施建设是经济增长的重要推动力，是促进减贫发展的主要手段，这其中包括公路、铁路、管道、航空、航运等领域。世界银行测算，基础设施建设每增加10%，长期的GDP增长率将提高一个百分点。特别是在区域经济一体化的发展背景下，诸多发展中国家基础设施建设迎来了发展热潮。以哈萨克斯坦为例，2014年哈萨克斯坦制订了"光明之路"计划，投资90亿美元致力于推进交通、工业、能源、社会和文化等领域的基础设施建设，保障经济持续发展和社会稳定。近年来，印度、印度尼西亚、越南、老挝等发展中国家借鉴别国经济发展经验，充分发挥国内劳动力资源丰富的比较优势，加快基础设施建设、积极推进城镇化进程，对基础设施和装备制造的需求强劲。另外，就全球产业链而言，目前广大发展中国家积极参与全球产业再分工，利用其低廉的劳动成本和资源成本迅速发展制造业，但由于起步晚、基础差，大多数发展中国家的制造业水平仍处于中低端，其中不少国家还处在工业化初期，建设用装备需求很大。

3. 全球经济多元化主导趋势明显，新兴经济体承接国际产业转移的能力增强

经济全球化是世界经济活动超越国界，通过对外贸易、资本流动、技术转移、提供服务，相互依存、相互联系而形成的全球范围的有机经济整体。作为当代世界经济的重要特征之一，经济全球化是世界经济发展的重要趋势。全球金融危机以来，新兴经济体凭借稳定的发展受到全球瞩目。随着新兴经济体的强势崛起，由发达经济体与新兴经济体所共同主导的经济全球化将替代美国主导的经济全球化，形成全球经济多元化主导的趋势。近年来，新兴经济体不断扩大对外开放，鼓励支持引进外资，依托国内的低成本要素，通过承接产业转移促进产业升级和经济发展，发挥后发优势，实现赶超战略，不断扩大对发达国家产业转移的接纳。目前关于新兴经济体，国际社会并没有一个准确的定义，但这些国家无一例外地在推动本国工业化进程、快速融入世界市场、大力发展贸易出口、支撑国内的经济快速增长以及市场化改革等方面表现出共同特征。据国际货币基金组织报告，金砖国家（巴西、俄罗斯、印度、中国和南非）经济总量在世界经济中的比重不断上升，成为拉动世界经济增长的重要引擎。

（二）国内背景

当前，中国经济发展步入"新常态"，开放型经济正处于结构转型和要素升级的关键时期，加快国际产能合作是现阶段中国产业结构调整和要素配置优化的现实要求，也是扩大和深化对外开放的迫切需要。

1. 传统要素禀赋优势发生显著变化，中国以新的优势参与国际分工交换的积累充分

改革开放初期，中国拥有劳动力和土地等生产要素的成本优势，但缺乏资本和生产技术，利用劳动力优势吸引外商投资，发展外向型经济，成为产品和服务的输出国是当时经济发展模式的必然选择。然而，中国经济经历了改革开放40多年的飞速发展，传统的要素禀赋优势已经发生变化：中国16至60周岁的劳动人口数量正在逐渐减少，人口红利逐渐消失；加上资源和环境的约束，从商品和服务的输出国转向对外资本、技术的输出国，已是中国经济发展必然经历的阶段。一方面，以中国为代表的新兴市场高速发展，中国的资本输出已具备一定的积累。目前，资本从发达国家流向新兴经济体，并从参与这些经济体的成长中获取高利润回报的情况已

经转变为中国的资本累积到了可以走出去，也需要走出去的阶段。2015年中国实际使用外资金额为 1355.77 亿美元，同比 2014 年增长 5.51%，比 2014 年增速快 1.8 个百分点；与此同时，中国对外直接投资为 1456.7亿美元，同比 2014 年增长 18.3%，比 2014 年增速快 4.1 个百分点，首次成为资本净输出国。[①] 中国从改革开放初期起的资金匮乏、外汇短缺的"双缺口"时代彻底结束，进入国内资金相对充裕、有条件大规模开展对外投资、在全球范围内进行资源配置的新时代。另一方面，多年来中国在大规模经济建设中形成了大量先进技术及制造装备，这些技术装备符合广大发展中国家和中等收入国家对先进适用技术的需求，也可为实施"再工业化"的发达国家提供有力支撑。以核电技术为例，2016 年全球首座高温气冷堆示范工程压力容器在华能石岛湾核电厂吊装成功，是我国在高温气冷堆示范工程建设和核电装备制造两方面取得的重大突破，标志着中国从核电技术引进大国，变成核电技术和设备输出大国。

2. 部分传统行业产能过剩，中国同他国经济发展实现优势互补的动力趋强

改革开放以来，中国经济一直保持着高速增长。1978—2014 年中国GDP 年均增长率为 9.8%，其中投资是拉动 GDP 增长的第一推动力。具体到投资领域，2003—2014 年，中国固定资产投资主要流向制造业和房地产业，年均投资增速分别为 25% 和 24%，大量投资涌入钢铁、水泥、玻璃、化工、纺织、金属等基本产业。[②] 经过多年发展的中国已进入工业化中期，拥有钢铁、水泥、玻璃、金属等优势富余产能，装备水平位于全球产业链中端。但是，我国工业产能利用率偏低，2015 年我国粗钢、水泥和平板玻璃的产能利用率分别为 71.33%、68.54% 和 81.10%，明显低于国际通常水平（见表 1—1）。长期以来，我国经济体系中投资和消费的严重失衡导致了部分传统产业盲目发展，内部形成了结构性的产能过剩。然而，部分传统过剩产能多为优势产能。以水泥行业为例，我国 95% 以上的水泥企业已经完成技术升级改造，实现了 98% 的水泥由新型干法生产线生产，技术装备、环保指标等均处于世界领先水平。在钢铁生产方面，中国 2014 年实际产量 8.23 亿吨，排名世界第一，远高于世界排名第

---

① 商务部《中国外资统计（2016）》。

② 数据来源：中国产业经济信息网。

二的日本 1.11 亿吨的规模。此外,铜、铝、铅、锌四种主要有色金属的生产方面,中国均实现了产量占比排名位居全球首位,所占比例均超过 30%。推动国际产能合作有助于解决我国部分传统产业产能过剩问题,助力传统产业转型升级,在提升我国传统产业国际竞争力的同时,也将深化与广大发展中国家的产业分工与合作,促进当地经济和社会的发展,形成紧密的利益共同体。

表 1-1　2015 年中国主要工业产品产能利用率

工业产品	产量	产能	产能利用率
焦炭/万吨	44822.54	65979.59	67.93%
水泥/万吨	235918.83	344190.83	68.54%
平板玻璃/万重量箱	78651.63	96984.06	81.10%
粗钢/万吨	80382.50	112688.11	71.33%
钢材/万吨	112349.60	154389.91	72.77%
原铝/万吨	3141.00	3701.92	84.85%

数据来源:《中国统计年鉴(2015)》。

二、国际产能合作的概念

(一)国际产能合作概念的提出

国际产能合作这一概念最初来自 2014 年 12 月中国国务院总理李克强与哈萨克斯坦总统纳扎尔巴耶夫的正式会谈时,两国领导人将中国优势产能与哈萨克斯坦基础设施需求对接达成的"中哈产能合作计划"。2015 年 3 月,两国总理共同见证双方签署涵盖广泛领域的 33 份产能合作文件,项目总金额达 236 亿美元(见表 1-2)。这不仅是中哈产能合作计划的起点,也是中国在国际舞台上开启国际产能合作大门的重要标志。

2015 年 5 月,着眼于全球经济发展的新格局,把握我国经济发展的新常态,国务院出台《国务院关于推进国际产能和装备制造合作的指导意见》(以下简称《意见》),明确了钢铁、铁路、电力等 12 大重点行业,全面部署了我国国际产能合作的总体要求和政策措施。《意见》指出,我国推行的国际产能合作是将我国的产业特色、资金和技术装备优势与相关国家的建设需求紧密结合，以企业为主体，市场需求为引导，政府统筹协调，在促进我国产业转型升级，推动我国经济增长，为我国经济发展开辟新空间的同时，深化我国与相关国家的互惠互利合作，促进当地社会和经济的发展，为世界各国企业合作创造新机遇。

表1-2 2014年"中哈产能合作计划"项目

涉及行业	项目数	代表性建设项目
油气生产行业	14个	阿克纠宾油气公司项目、中哈原油管道建设等项目
石化行业	5个	阿特劳炼油厂芳烃生产装置建设项目等
矿产行业	3个	巴夏库铜矿选厂等项目
冶金行业	1个	巴甫洛达尔电解铝厂等项目
医药行业	1个	哈萨克斯坦年产6000万瓶输液厂等项目
农业	1个	哈萨克斯坦污染土地处理工程项目
交通行业	2个	哈萨克斯坦西部—中国西部国际运输通道西南公路建设等项目
电力行业	4个	玛依纳水电站等项目
建材行业	3个	哈萨克斯坦年产100万吨标准水泥生产线等项目

数据来源："一带一路"官网。

（二）国际产能合作的内涵

国际产能合作是一种国家间产业互通有无、调剂余缺、优势互补的合作方式，是一种国际产业转移与对外直接投资相结合的新模式。中国倡导的国际产能合作是围绕生产能力的建设、转移和提升的综合性投资合作，以企业为主体，以市场为导向，以国际互利共赢为目标，以制造业的发展、基础设施的建设、资源能源的开发为主要内容，以直接投资、承包工程、装备贸易和技术合作为主要形式。

相较于单纯的产能转移，我国倡导的国际产能合作不仅仅是把产业和生产能力进行对外输出，而是有着更丰富的内涵。

（1）我国倡导的国际产能合作是优势产能合作。自2008年国际金融危机以来，为了顺应全球经济的深度调整，我国在经济新常态阶段加快了产业结构的调整步伐。2010年8月，工业和信息化部下达了18个工业行业淘汰落后产能的目标任务。2015年，中央经济工作会议把去产能、去库存，清理僵尸企业作为重要的经济工作任务。经过多年的产业结构调整，我国逐步通过"去产能、去库存"等方式消化解决国内不具有规模效益、能耗和环保不达标的落后产能。因此，我国推动的国际产能合作既不是将国内传统技术含量低、附加值低的劳动密集型产业对外转移，也不是将高耗能、高污染、高排放的资源密集型产业对外转移；相反，国际产能合作是我国最先进或比较先进的富余产能"走出去"。当今，科学技术发展日新月异，绿色环保发展的观念深入人心。技术和环保指标均不达标的落后产能，没有生存和发展空间，不具备国际产能合作条件，只有具备绝对优势或比较优势的产能，才是国际产能合作的基础。经过40多年的改革开放，我国的制造业在钢铁、建材、电力、铁路、机械、电子、轻工纺织等重要行业里，都具备了相当强的制造能力，这些产业的制造水平、技术标准大体上在国际最先进或比较先进的水平。过去的实践足以证明，我国推行的以高铁、核电、电信等为主导的国际产能合作，在装备制造、工程建设、企业运行管理等方面，都达到了比较高的水准，明显属于优势产能合作而非"倾销落后产能"。

（2）我国倡导的国际产能合作注重与东道国的战略对接和产业优势互补。推进国际产能合作是经济全球化发展的成果，符合国际产业发展的基本规律，并非我国首创。历史上，许多产业都出现过从一个国家或地区转移到其他国家或地区的现象。但是从国际背景来看，发达国家推进的国际产业转移通常是从全球战略部署出发，以追求利润最大化为目标。而我国在开展国际产能合作过程中，注重与东道国的战略对接和产业优势互补。我国的优势产能在"走出去"的过程中，不是简单地把我国的装备和技术复制到其他国家和地区，而是合作双方在共商、共建、共享的原则指导下，尊重双方的利益追求，对接东道国（或地区）的实际发展战略，重新设计产能。特别是在与相关国家开展双边产能合作的过程中，我国不仅注重相关产业转移，而且将产业整体输出到不同的国家中去，帮助这些国家建立更加完整的工业体系，提高产业能力，为东道国的经济发展与产业升级提供重要助力，为破解全球发展难题贡献中国智慧和中国方案。另外，对接东道国的发展战略，也将进一步推动我国企业与世界技术先进的跨国公司的同台竞争，倒逼企业提升整体技术和产品质量，加快实现我国从制造大国向制造强国转变进程。

（3）我国倡导的国际产能合作是在全球范围内实现多方共赢的务实之

举。我国倡导的国际产能合作是注重加强与广大发展中国家的务实合作，也是注重加强与发达国家的高水平合作。在国际产能合作过程中，将我国品质优良、质量上乘的产能和装备，同发达国家的高端技术优势和资金优势结合起来，同发展中国家的市场需求和要素资源优势结合起来，既顺应了全球经济的发展大势，又契合了发达国家、发展中国家和我国自身的比较优势，从而实现优势互补，三方惠利。目前，发展中国家和发达国家之间的发展差距明显，无论在资本、技术还是在知识产权等方面，都有很大差距，且在部分领域的差距有扩大趋势。大多数发展中国家正处在工业化初期，中国工业化的生产线和技术装备处在世界中端，已进入工业化中期阶段，而发达国家处于高端水平，形成阶梯状落差。国际产能合作在打通发展中国家与发达国家的经济通路上起到架接桥梁的作用，中国积极推动与广大发展中国家的产能务实合作，可以有效发挥承接转合，积极推动双边产能合作上规模，上水平，有效契合发展中国家推进新型工业化的需求。另外，通过产能合作，中国和发达国家的优势也可以结合起来，生产关键技术设备，带动中国产业升级和发达国家扩大出口。2015 年，中法双方签署了《开发第三方市场合作协议》，跨出了中国与发达国家产能合作的第一步。国际产能合作至此得到了发达国家的积极响应，开始由构想走进现实，为中国与发达国家共同助力全球经济的恢复与发展开拓了新的道路。

三、国际产能合作的风险

我国政府倡导的国际产能合作既契合了全球相关经济利益体的发展需求，又带动了我国产业结构的优化升级，是我国经济新常态下推进产业提质增效的重要途径。虽然我国在全球范围内开展国际产能合作进展迅速，得到许多国家的积极响应，但作为一次具有开创意义的尝试，战略的推进并没有成熟的经验可以借鉴，仍然面临各种风险和挑战。

（一）国际因素的不确定性

1. 国际政治形势的不稳定

当前，国际政治形势复杂多变，地区冲突和局部战争此起彼伏，大国因素、恐怖主义使得部分国家和地区安全局势恶化，国际产能合作的政治不确定因素增多，面临一定的国际政治风险。从地缘政治角度来看，大国角逐使得区域局势复杂化，美、日等发达国家对中国的优质产能输出刻意排挤，另外东道国也对我国的产能输出存在一定的疑虑，担心是落后产能在空间上的转移。

2. 国际经济形势的复杂性

全球金融危机以来，全球产业链深度重组导致国际经济环境不容乐观。一方面，发达国家为应对金融危机以来的经济低迷，促进经济复苏和创造更多的就业机会，大力推动制造业回流，与我国产业结构的关系由互补为主转向互补与竞争。量化宽松的货币政策实施也加剧了国际资本向发达国家回流。另一方面，新兴经济体加快工业化步伐，与我国的劳动密集型产业存在较强的竞争，在一定程度上对我国的比较优势产业形成挤压。

3. 少数国家的不实引导和蓄意迫害

随着中国综合国力的提升和国际影响力的不断扩大，加之全球经济疲软导致的全球贸易保护主义抬头，少数国家以"中国威胁论"、维护国家安全等理由通过各种渠道向东道国施压，在合作过程中设置障碍，或者从舆论上扭曲合作过程中出现的正常问题。这些不实报道会加深当地民众对合作项目的误解，使得东道国在决策时不得不有所顾虑。

（二）东道国因素的不确定性

1. 政治风险

我国倡导的国际产能合作在全球范围内合作的国别数量多、覆盖范围广。国与国之间在政治制度、社会习俗、文化观念以及宗教信仰等方面差异较大，中国融入东道国存在一定的挑战。首先，"一带一路"沿线国家民族宗教情况复杂，基督教、印度教、伊斯兰教、佛教等多元化宗教信仰并存。其次，个别国家政权更迭，内部派别斗争激烈导致政局长期不稳。最后，外交摩擦可能对中方企业的经营造成威胁。

2. 经济风险

目前，中国开展国际产能合作的对象大多数是处在工业化初期的发展中国家，产业基础薄弱，配套设施不完善，在开展国际产能合作方面缺乏相应的技术人才和劳动力，导致承接的国际产能合作能力不足，这无疑增加了中国在东道国开展国际产能合作的经济风险。另外，部分中国企业对外开展产能合作的国家属于高负债国家，东道国政府本身的偿债能力不高。而国际产能合作项目以制造业的发展、基础设施的建设、资源能源的开发为主要内容，建设周期长，交易金额大，东道国政府的偿债能力将成为重要的风险因素。同时，目前中国企业在海外经营时普遍使用外币进行结算，结算货币的贬值也将直接影响企业的投资收益。

3. 技术政策风险

中国企业在国际产能合作过程中往往会遇到产能合作技术标准不对接的情况。部分合作国家已长期执行欧美标准，特别是在交通运输等基础设施建设、资源能源的开发利用等领域已经形成了固定使用的欧美技术标准体系。一些国家的产能合作项目甚至明确规定不能使用中国标准，导致中资企业的经营压力巨大。另外，部分东道国的环保标准过高，导致产能合作项目也面临一定的预算问题。

（三）国内因素的不确定性

（1）地方政府的"重项目、轻规划"。我国政府推行的国际产能合作是以项目建设为抓手，将中国的优势产能与合作国的需求有效结合起来，合作的重点是提升中资企业参与国际竞争的水平，增强中国资本和制造业技术在世界的影响力，而不仅仅是项目的投资本身。

国际产能的合作依靠项目建设推动，往往会使参与产能合作的地方政府进入误区，认为开展国际产能合作就是项目建设，就是项目投资，这也造成了一些地方政府竞相角逐国际产能合作项目，影响了国际产能合作的整体效果。另外，相比于丰富的项目建设储备，部分地方政府在合作项目的规划上内容稍显单薄，没有在定位上进行精准的设计，存在着争定位、抢项目的倾向：争抢定位更多的是基于提升知名度的考虑，更多的是为日后取得项目建设资源进行的宣传，背后缺少坚实的机制、路径支撑，也缺乏对自身优、劣势的准确分析。将省内资源与合作国家的产业结构、市场容量、产业升级趋势做好对接，提升区域产业配套能力才是各省应该着重考虑的战略性问题。

（2）国内系统性的风险防范机制不完善。国际产能合作推进过程中，合作国别范围覆盖全球，经济发展水平参差不齐，利益诉求各不相同，加上民族和宗教等不稳定因素较多，相互混杂，交织联动，严重影响了国际产能合作的风险控制。目前国内还没有一套完善的、可操作的国际产能合作风险防范机制，对于合作国的市场环境、基础设施和政治环境等方面的信息判断不够准确，对于中国企业参与国际产能合作的统计监测也相对滞后。实现国际产能合作高效、长足地发展，应注重打造系统的风险防范机制，加大对合作国家合作环境的研究工作，建立一套科学合理的风险防范机制。

第二节 "一带一路"与国际产能合作

一、"一带一路"合作倡议的内容及成效

"一带一路"（The Belt and Road，缩写为 B & R）是"丝绸之路经济带"和"21 世纪海上丝绸之路"的简称。2013 年 9 月和 10 月，中国国家主席习近平在出访哈萨克斯坦和印度尼西亚时先后提出共同建设"丝绸之路经济带"和"21 世纪海上丝绸之路"。2015 年 3 月，国家发展和改革委员会、外交部、商务部联合发布了《推动共建丝绸之路经济带和 21 世纪海上丝绸之路的愿景与行动》。作为官方对外公开的首个"一带一路"文件，中国政府首次系统阐述了"一带一路"的主张与内涵，提出了共建"一带一路"的方向和任务。自我国提出共建"一带一路"倡议以来，受到国际社会广泛关注，得到了越来越多的国家和国际组织的积极响应。共建"一带一路"成为我国参与全球开发合作、改善全球经济治理体系、促进全球共同繁荣发展的中国方案。

"一带一路"从理念转化为行动，从愿景转变为现实。多年来，我国秉持共商共建共享原则，以政策沟通不断深化、设施联通不断加强、贸易畅通不断提升、资金融通不断扩大、民心相通不断促进为主要内容扎实推进，取得明显成效。

（一）政策沟通不断深化，政策环境进一步优化

加强政策沟通是"一带一路"建设的重要保障。中国政府与沿线各国政府和国际组织充分沟通交流，加强政治互信，达成合作共识，不断优化"一带一路"的政策环境，为区域合作提供政策支持。一方面，签署共建

"一带一路"政府间合作文件的国家和国际组织数量逐年增加。截至 2021 年 1 月底，中国已经同 171 个国家与国际组织签署 205 份共建"一带一路"合作文件。已同中国签订共建"一带一路"合作文件的国家详见附表 1。另一方面，共建"一带一路"倡议及其核心理念被纳入联合国、二十国集团、亚太经济合作组织、上海合作组织等重要国际机制成果文件（见表 1-3）。

表 1-3　纳入"一带一路"倡议及其核心理念的重要国际机制文件

时间	国际组织	发布文件内容
2015 年 7 月	上海合作组织	上海合作组织发表了《上海合作组织成员国元首乌法宣言》，支持关于建设"丝绸之路经济带"的倡议
2016 年 9 月	二十国集团	《二十国集团领导人杭州峰会公报》通过关于建立"全球基础设施互联互通联盟"倡议
2016 年 11 月	联合国	联合国 193 个会员国协商一致通过决议，欢迎共建"一带一路"等经济合作倡议，呼吁国际社会为"一带一路"建设提供安全保障环境
2017 年 3 月	联合国安理会	联合国安理会一致通过第 2344 号决议，呼吁国际社会通过"一带一路"建设加强区域经济合作，并首次载入"人类命运共同体"理念
2018 年 1 月	中拉论坛第二届部长级会议	中拉《关于"一带一路"倡议的特别声明》
2018 年 7 月	中国—阿拉伯国家合作论坛第八届部长级会议	《中国和阿拉伯国家合作共建"一带一路"行动宣言》
2018 年 9 月	中非合作论坛峰会	《关于构建更加紧密的中非命运共同体的北京宣言》

（二）设施联通不断加强，基础设施网络加快形成

发展设施联通是"一带一路"建设的优先方向。在尊重相关国家主权和安全关切的基础上，中国政府与沿线国家共同努力，通过打造"六廊、六路、多国、多港"的主体框架，加快形成多方位、多层次的复合型设施网络，促进资源的跨区域流通和配置。

（1）国际经济合作走廊建设取得明显进展。自 2013 年孟中印缅经济

走廊建设政府间合作正式启动开始，新亚欧大陆桥、中蒙俄、中国—中亚—西亚、中国—中南半岛、中巴和孟中印缅六大国际经济合作走廊作为"一带一路"的主要走向、区域经济合作网络的重要框架，将亚洲经济圈与欧洲经济圈联系在一起。中国—中南半岛、中巴和孟中印缅经济走廊经过亚洲东部和南部这一全球人口最稠密地区，连接沿线主要城市和人口、产业集聚区。新亚欧大陆桥、中蒙俄、中国—中亚—西亚经济走廊经过亚欧大陆中东部地区，不仅将充满经济活力的东亚经济圈与发达的欧洲经济圈联系在一起，更畅通了连接波斯湾、地中海和波罗的海的合作通道。

（2）基础设施建设发展迅速。多年来，中国与沿线国家一道在公路、铁路、航运、航空、管道、空间综合信息网络等领域开展了大量合作，有效提升了合作国家的基础设施建设水平，取得了丰硕成果。目前，我国港口已与世界 200 多个国家、600 多个主要港口建立航线联系，海运互联互通指数保持全球第一。截至 2021 年 10 月，中国与 66 个沿线国家签署了 70 个双边和区域海运协定，海运服务已覆盖"一带一路"沿线所有沿海国家。[①] 中国与"一带一路"国家的港口联通度明显高于其他交通设施联通水平，其中与韩国、印度、印度尼西亚三个国家港口运输交流最为频繁。

在铁路合作方面，我国与"一带一路"国家的铁路联通水平较高，加速了区域经济一体化进程。中老铁路、中泰铁路、蒙内铁路等铁路项目示范效应不断增强，促进了沿线国家弥补发展短板，改善发展条件，加快工业化进程。另外，中欧班列也初步形成了多国协作的国际班列运行机制。截至 2020 年 7 月，中欧班列已经联通亚欧大陆 23 个国家的 168 个城市，累计开行突破 5 万列（图 1-1）。

---

① 数据来源：《中国可持续交通发展报告》。

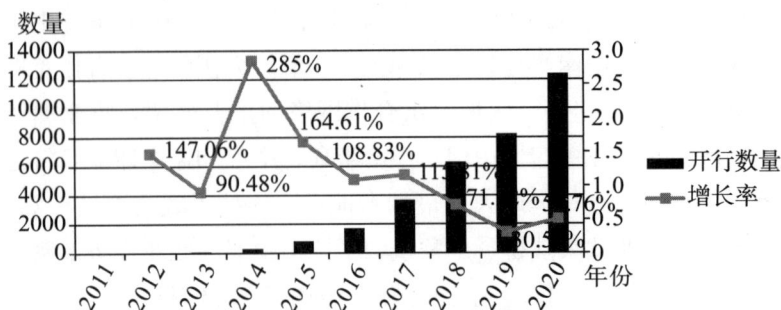

图 1-1　2011—2020 年中欧班列开行数量示意图

数据来源：大陆桥物流联盟公共信息平台。

在航空运输方面，中国民航围绕"空中丝绸之路"建设，完善基层建设布局，加强航空枢纽建造，积极拓展航空运输网络。另外，截至 2021 年 7 月，我国已与沿线 103 个国家签署航空运输协定，与其中 53 个国家保持通航，与沿线国家航班量占到我国航班总量的 65.9%。

（三）贸易畅通不断提升，外贸提质增效稳中有进

贸易合作是"一带一路"建设的重点内容。自"一带一路"倡议提出以来，国际贸易投资合作取得了显著成效，贸易往来和投资合作不断扩大，投资和贸易壁垒逐渐消除，交易成本和营商成本进一步降低，沿线各国参与经济全球化的程度不断提升。截至 2020 年 12 月，中国企业对"一带一路"沿线国家的投资累计已经超过 1000 亿美元，对外承包工程超过 7200 亿美元，沿线国家对中国的投资也达到 480 亿美元。①

（四）资金融通不断扩大，多元化融资体系不断完善

资金融通是"一带一路"建设的重要支撑。倡议提出以来，投融资体系建设工作不断推进，金融服务体系不断完善。加强金融合作、促进资金融通，为"一带一路"建设创造了稳定的融资环境，为世界经济的健康发展提供了强有力的支撑。

1. 金融服务水平不断提升

中国作为"一带一路"建设的倡议者和组织行动者，积极探索新型的

---

① 数据来源：中国海关官网。

国际投融资模式，为"一带一路"的建设发挥了积极作用。2015 年 12 月，中国倡议筹建的亚洲基础设施投资银行成立，成为"一带一路"资金融通的重要平台。截至 2021 年 7 月，亚投行成员国扩展至 104 个。成立于 2014 年底的丝路基金，在服务"一带一路"建设中也成果颇丰。2018 年 7 月，丝路基金与欧洲投资基金共同投资的中欧共同投资基金开始实质性运作，投资规模 5 亿欧元，有力促进了共建"一带一路"倡议与欧洲投资计划相对接。另外，我国与"一带一路"沿线国也在努力改善金融支持环境。截至 2020 年末，共有 11 家中资银行在 29 个"一带一路"沿线国家设立了 80 家一级分支机构。3 家中资保险公司在新加坡、马来西亚、印度尼西亚设有 7 家营业性机构。与此同时，共有来自 23 个"一带一路"国家的 48 家银行在华设立了机构。有 1 个"一带一路"国家（新加坡）的 1 家保险机构在华设立了合资公司。①

2. 投融资体系建设不断完善

为推动"一带一路"融资体系建设，形成长期稳定的融资安排，更好地服务支持"一带一路"建设，在中方的倡议和推动下，2017 年 5 月，中国财政部与阿根廷、白俄罗斯、俄罗斯等 26 国财政部共同核准了《"一带一路"融资指导原则》。该原则是各方在"一带一路"倡议下首次就资金融通问题制定的指导性文件。根据这一指导原则，各国积极支持沿线国家政府加强政策协调，完善融资环境，充分发挥市场力量，动员多渠道资金，通过推动金融创新和密切金融监管合作，重点加大对基础设施互联互通、贸易投资、产能合作等领域的融资支持力度。

（五）民心相通不断促进，民意基础进一步夯实

民心相通是"一带一路"建设的社会根基。中国与沿线各国开展了形式多样、领域广泛、内容丰富的人文交流合作，民心相通工作取得了许多新进展，为共建"一带一路"进一步夯实了民意基础。

一是民心相通的理念日益深入。近年来，"一带一路"沿线各国政府、企业、社会组织间交流互动密切，更有超过 300 个社会组织构建起"丝绸之路沿线民间组织合作网络"，实现了各国民间社会组织的相互对接，使"一带一路"倡议更加深入人心。

---

① 数据来源：中国银行保险监督管理委员会官网。

二是民心相通的机制日益完善。沿线各国教育、艺术、旅游、卫生等部门积极搭建合作平台，制订多个文化交流领域的专项合作规划，跨境成立"丝绸之路大学联盟""丝绸之路国际图书馆联盟""丝绸之路旅游市场推广联盟"等交流机制，为民心相通工作提供了有力支撑。

三是民心相通的交流日益频繁。在旅游方面，中国政府与 57 个沿线国家缔结了涵盖不同护照种类的互免签证协定，与 15 个国家达成 19 份简化签证手续的协定或安排。在教育方面，设立"丝绸之路"中国政府奖学金项目，与 24 个沿线国家签署高等教育学历学位互认协议。

二、"一带一路"背景下国际产能合作现状

国务院在 2015 年 5 月出台《关于推进国际产能和装备制造合作的指导意见》，鼓励中国企业把握世界经济发展机遇，积极"走出去"，与包括"一带一路"沿线国家在内的世界各国开展国际产能合作。"一带一路"倡议的合作国之间工业化水平差距较大，涵盖了工业化进程的各个阶段，国际产能合作作为推进"一带一路"建设的重要途径，契合沿线国家实际需要，发挥中方在产能、装备、技术、资金等方面的综合优势，共同发展实体经济和完善基础设施，从而实现优势互补、互利共赢。自"一带一路"倡议推行以来，中国企业积极参与国际产能合作，主动融入开放型经济发展，取得了一定的成效。

（一）产能合作进展快速

1. 对外投资合作规模迅速扩大

根据商务部、国家外汇管理局统计，2020 年全年我国对外直接投资1329.4 亿美元，同比增长 3.3％。其中，对外非金融类直接投资 1101.5亿美元。2020 年我国对"一带一路"沿线国家投资合作稳步推进，同比实现两位数增长。中国企业对"一带一路"沿线 58 个国家非金融类直接投资 177.9 亿美元，同比增长 18.3％，占同期总额的 16.2％，较上年提升 2.6 个百分点，主要投向新加坡、印度尼西亚、越南、老挝、马来西亚、柬埔寨、泰国、阿联酋、哈萨克斯坦和以色列等国家。

2. 对外承包工程业务营业额稳步增长

2020 年，我国对外承包工程业务共在全球 184 个国家和地区完成营

业额 10756.1 亿元人民币（折合 1559.4 亿美元），新签合同额 17626.1 亿元人民币（折合 2555.4 亿美元），其中"一带一路"沿线国家业务占比过半，2020 年中国企业在"一带一路"沿线 61 个国家对外承包工程新签合同额 1414.6 亿美元，完成营业额 911.2 亿美元。

3. 国际产能合作的"朋友圈"日益扩大

截至 2021 年 1 月底，中国已经同 171 个国家与国际组织签署 205 份共建"一带一路"合作文件，与哈萨克斯坦、巴西、阿联酋、阿尔及利亚、沙特阿拉伯等 40 多个国家签署了产能合作文件。同时，我国还与一些发达国家，包括法国、韩国、新加坡、澳大利亚等国针对产能合作问题开展第三方市场合作。另外，自 2017 年 9 月，中阿产能合作示范园被国家发展和改革委员会明确为全球首家"一带一路"产能合作园区开始，中国—阿曼杜库姆产业园、中国—沙特吉赞产业集聚区、中国—塞尔维亚工业园、柬埔寨西哈努克港工业园、马来西亚关丹产业园、白俄罗斯中白工业园等一批园区项目也在积极推进。这对我国与相关国家的产业合作水平、实现互利共赢具有重大意义。

（二）产能合作方式多样

我国企业与"一带一路"沿线国家产能合作的方式日益多样化。"一带一路"倡议提出以来，我国已与合作国家在全球范围内共建了上百个境外经贸合作区。境外经贸合作区作为中国企业国际化布局的组织平台，是以境外园区为载体，把支持对外投资和促进国内装备、技术"走出去"有机结合起来，促进了包括我国在内的多个国家的经济发展，成为实施国际产能合作的重要载体。目前，中国企业通过确认考核的境外经贸合作区已达 20 个（见附表 2）。境外经贸合作区作为国际产能合作的重要平台，在产业聚集、带动、辐射、示范等方面发挥着不可替代的作用。像泰国泰中罗勇工业园、柬埔寨西哈努克港经济特区、越南龙江工业园、巴基斯坦海尔—鲁巴经济区、白俄罗斯中白工业园区等一批合作效果好、辐射效应大的示范园区，已成为各国开展互利合作的投资热土。

另外，在基础设施领域电力产业参与方式日益多样，从最初的设备供货到目前的 EP（设计—采购）、EPC（设计—采购—建设）、IPP（独立电站）、BOT（建设—运营—移交）、BOO（建设—拥有—运营）、PPP（公私合营）、并购、融资租赁等多种形式，中国电力企业"走出去"的水平不断提高。在对外承包工程方面，中国承包企业充分发挥资金、技术优势，积极探索开展"工程承包＋融资""工程承包＋融资＋运营"等方式的合作，有条件的项目更多采用了 BOT、PPP 等方式。

（三）产能合作领域扩大

我国倡导的国际产能合作既不是将国内传统技术含量低、附加值低的劳动密集型产业对外转移，也不是将高耗能、高污染、高排放的资源密集型产业对外转移；相反，国际产能合作是中国最先进或比较先进的富余产能"走出去"。当前，中国在"一带一路"沿线国家中推进的国际产能合作产业既有以轻工、纺织、家电为主的传统优势产业，以钢铁、水泥、玻璃、金属为主的富余产能优势产业，以电力设备、通信设备、高铁和轨道交通为主的装备制造优势产业外，也有以跨境电子商务、国际旅游、文化创意等为主的现代服务业。

1. 传统优势产业

我国步入经济新常态阶段，以轻工、纺织、家电为主的传统优势产业进入发展新阶段。传统优势产业以对外开放作为发展动力，积极参与国际经济合作，深入推进与"一带一路"沿线国家的产能合作。以纺织业为例，自 2013 年开始，我国产业用纺织品对于"一带一路"沿线国家的出口份额已从 32.64％上升至 37.73％，"一带一路"沿线国家正成为我国产业用纺织品出口增长的重要动力。特别是东南亚和非洲地区的国家是当前纺织业海外绿地投资的重点区域，吸引了行业大量的新增产能投资。

2. 富余产能优势产业

大多数"一带一路"沿线国家尚处于工业化和城市化初期，工业基础薄弱、基础设施投入较少，迫切需要调整经济结构，建成全面的工业体系。而与此同时，中国经过多年的发展已经进入工业化中期，拥有钢铁、水泥、玻璃、有色金属等优势富余产能，水平位于全球产业链中端，性价比较高。我国在大规模经济建设中形成的大量优质富余产能既符合广大"一带一路"国家对先进技术的需求，也可为"再工业化"的发达国家提供有力支撑。以钢铁产业为例，中国钢铁企业充分利用"一带一路"沿线国家的资源条件和市场潜力，积极走出去投资开发铁、锰、铬等矿产资源，收购或投资建设钢铁厂，推动国际产能合作。截至 2020 年 12 月底，中国各类企业累计参与投资海外铁矿项目近 40 个，累计投资超过 300 亿美元。

3. 装备制造优势产业

我国高端装备制造业作为当前重点发展的七大战略性新兴产业之一，发展速度持续加快。目前，我国以电力设备、通信设备、高铁和轨道交通为主的装备制造业在产业规模、技术水平和国际竞争力上有了大幅度提升，不断突破资本原始积累时期的"粗糙技术"瓶颈，发展到主要依赖自主创新能力和核心竞争力来实现民族设备制造业复兴阶段。行业内部不断涌现出一大批高技术含量的新产品和新设备，产品结构由中低端趋向中高端，产品质量大幅度提升，在全球范围内具有一定的竞争力。而"一带一路"沿线国家大部分是发展中国家和新兴经济体，这些国家未来对铁路、机场、港口、核电、电信等能源设备和基础设备的需求量将持续增长，这为我国高端装备制造业"走出去"提供了巨大市场空间。随着"一带一路"倡议的不断推进，我国装备制造优势产业的技术溢出效应不断显现。在铁路合作方面，以中老铁路、中泰铁路、匈塞铁路、雅万高铁等合作项目为重点的区际、洲际铁路网络建设取得重大进展。在能源设施建设方面，中俄原油管道、中国—中亚天然气管道保持稳定运营，中俄天然气管道东线将于 2024 年全线通气。在港口合作方面，中国与 47 个沿线国家签署了 38 个双边和区域海运协定。希腊比雷埃夫斯港建成重要中转枢纽，阿联酋哈利法港二期集装箱码头已于 2018 年正式开港。

4. 现代服务业

中国服务业和服务贸易的开放发展对全球贸易和世界经济增长做出了重要贡献。特别是自 2013 年"一带一路"倡议提出以来，中国政府高度重视并积极推进与"一带一路"沿线各国服务贸易领域的开放与合作。在区域开放布局上，设立了上海、浙江、海南等 12 个自贸试验区，在天津、杭州、广州、苏州等 17 个地区开展服务贸易创新发展试点，在北京开展服务业扩大开放综合试点。在行业开放布局上，提出放宽银行、证券、期货、保险等领域外资准入限制，放开会计审计、建筑设计、评级服务等领域外资准入限制，推进电信、互联网、文化、教育、交通运输等领域有序开放。近年来，我国分别与中东欧国家和金砖国家签订了《中国—中东欧国家服务贸易合作倡议》《金砖国家服务贸易合作路线图》，目前已经有 14 个国家与我国建立了服务贸易双边合作机制。

（四）产能合作主体丰富

自"一带一路"倡议提出以来，中央企业作为我国经济发展的重要支柱，充分利用自身实力与技术，积极参与"一带一路"建设，成为我国践行"一带一路"倡议的重要骨干力量。而随着倡议的不断深入推进，民营企业参与"一带一路"建设的意愿和能力在不断增强，国际化程度和竞争力也在不断提高，在"一带一路"建设中发挥着不可替代的作用。

1. 中央企业在"一带一路"建设中发挥主导作用

目前，中央企业在"一带一路"沿线承担项目超过 3000 个，这些项目分布在基础设施建设、能源资源开发、产业园区建设等各个领域。在基础设施建设方面，目前已开工和计划开工的基础设施项目中，中央企业承担的项目数占比超过 60%，合同金额占比接近 80%。在能源、资源开发方面，中央企业先后在"一带一路"沿线 20 多个国家开展了 60 多个油气合作项目。并在矿产资源开发中加强与合作国的先进技术交流和共享，有效提升合作国能源资源的开发与利用。另外，中央企业还在产业园区的建设方面积极发挥示范性作用。例如国机集团、招商局集团共同开发的中白工业园是中国和白俄罗斯经贸合作的最大项目，目前入园企业已达 43 户，协议投资金额近 11 亿美元，促进了当地就业和税收增加，深化了白俄罗斯与包括中国在内的各国产业间的专业化合作；国机集团、国投在埃塞俄比亚承建的糖厂项目，使埃塞俄比亚成为非洲制糖产能规模最大、技术最先进的国家。

2. 民营企业成为"一带一路"建设的重要力量

2020 年中国民营企业中有 191 家参与了"一带一路"建设，占比接近 50%（表 1-4），如华为、吉利、三一重工等都位列其中，在促进东道国基础设施完善、经济发展和解决当地就业方面做出了积极贡献。目前中国已建立了 113 个境外经贸合作区，当前不少境外经贸合作区事实上是由民营企业作为境内实施主体而运营的。例如，江苏红豆集团在柬埔寨建设的西哈努克港经济特区吸引了来自中国、欧美、日本、韩国等国家和地区的 153 家企业入驻，创造就业岗位 29000 个；浙江华立集团在泰国建设的泰中罗勇工业园迄今已有 113 家企业入驻，为当地 3 万余人提供就业岗位，带动中国企业对泰国直接投资超过 30 亿美元。

表 1-4　2018—2020 年参与"一带一路"建设的民营企业 500 强地区分布

2020 年			2019 年			2018 年		
省（市）	企业数量/家	占比/%	省（市）	企业数量/家	占比/%	省（市）	企业数量/家	占比/%
浙江	50	26.18	浙江	50	26.18	江苏	41	22.91
江苏	49	25.65	江苏	46	24.08	浙江	37	20.67
广东	21	10.99	广东	23	12.04	广东	20	11.17
山东	13	6.81	山东	13	6.81	山东	12	6.70
河北	11	5.76	上海	9	4.71	河北	11	6.15
其他	47	24.61	其他	50	26.18	其他	58	32.40
合计	191	100	合计	191	100	合计	179	100

数据来源：中国民营企业 500 强报告。

三、"一带一路"倡议推进国际产能合作新特征

（一）从传统产业向新兴产业发展是"一带一路"国际产能合作的新动能

中国积极倡导的"一带一路"国际产能合作产业既有以轻工为代表的传统优势产业，也有以钢铁、水泥、玻璃、金属为主的富余产能优势产业，还有以电力设备、通信设备、高铁和轨道交通为主的装备制造优势产业和现代服务业的新兴产业。"一带一路"建设从国际空间布局上分为东亚段、中亚段、西亚段、中东欧段和西欧段，其中包含拥有优质廉价生产原料的中亚各国，也包含拥有广阔市场的南亚和东南亚，更包括消费能力强、科技水平高的中西欧国家。推动中国与合作国家的新兴产业合作，促进沿线国家加强在新一代信息技术、生物、新能源、新材料等新兴产业领域的深入合作，对于我国开拓多样化的国际市场、实现经济转型具有重要意义。目前，我国以高铁和轨道交通为主的装备制造业等新兴产业在产业规模、技术水平和国际竞争力上有了大幅度提升，行业内部自主创新能力和核心竞争力在全球范围内不断提高，完全有能力与东道国实现战略对接和产业优势互补。比如 2015 年的雅万高铁是国际上首个由政府主导搭台、

两国企业合作建设和管理的高铁项目，也是中国高速铁路从技术标准、勘察设计、工程施工、装备制造、物资供应，到运营管理、人才培训、沿线综合开发等全方位整体走出去的第一单项目；中老铁路、匈塞铁路、瓜达尔港建设、中英核电项目都直接应用了自主技术与管理标准，带动了中国铁路、电力等优势行业的技术和标准"走出去"，提升了中国在全球价值链中的地位。

（二）从全球价值链低端向中高端攀爬是"一带一路"国际产能合作的新引擎

改革开放以来，我国凭借低成本竞争优势通过依托国际需求市场尤其是发达国家的需求市场，在快速而全面地融入发达国家主导的全球价值链中，实现了产业的高速发展和经济腾飞。但长期以来由于我国产业技术整体水平较低，在全球价值链中都是参与者和跟随者，我国很多产业仍然处于以欧美日为主导的全球价值链的低端，而发达国家凭借对重点产业关键核心技术的把控以及国际标准的制定占据全球产业链的高端。经过多年的发展，中国传统的要素禀赋优势已经发生变化，要素质量不断提升，人力资本、创新能力、产业配套能力等都在一定程度上得到了提高，部分产业已具备成熟的生产能力和一定的研发能力，使我国实现在全球价值链上的攀升具备了一定的条件。与此同时，自 2013 年我国提出共建"一带一路"倡议以来，受到了越来越多的沿线国家和国际组织的参与和认可。"一带一路"沿线直接涉及的国家有 60 多个，各国在资源禀赋、经济发展水平、产业基础等方面存在着巨大差异，并处于不同的工业化发展阶段，能与中国形成较为有利的优势互补效应。比如，东南亚国家劳动力资源丰富，在劳动密集型制造业上处于起步阶段，劳动密集型产业有望向以东南亚部分国家为代表的工业化初期国家转移；而西亚地区资源采掘和深加工能力比较强，但大部分国家缺乏充分的资本和一般技术水平，资源密集型产业可以与以西亚部分国家为代表的资源丰富国家开展合作，而中国可以扩大对这些国家资本、技术及高附加值产品的出口。因此，中国借力"一带一路"平台进行全球价值链重构，实现全球价值链的攀升具有明显优势。

（三）从产品输出向产能输出转变是"一带一路"国际产能合作的新载体

中国所倡导的"一带一路"下的国际产能合作是国与国之间生产能力的合作，是围绕生产能力建设、转移和提升开展的互利共赢的国际产业投资合作，以企业为主体、以共赢为目标，以发展制造业、建设基础设施、开发资源能源为主要内容，以直接投资、承包工程、装备贸易和技术合作为主要形式的综合性合作。过去，中国的经济发展奉行"走出去"战略，主要是将自身简单地定位为产品销售方，以贸易的方式将中国制造的产品向外输出。而作为"一带一路"建设的重要推手，目前我国积极推进的国际产能合作已经超越了简单的产品输出理念，强调产能合作是产业的输出和能力的培养，把产业整体输出到合作国去，帮助合作国家建立更加完整的工业体系和制造能力。目前，"一带一路"国家正在积极推动经济发展和民生改善，产业结构加速调整，基础设施建设方兴未艾，希望与我国共乘发展快车。近年来，中国通过改革开放，有效承接国际产能转移，逐渐发展形成了产业门类齐全、技术水平较高的工业体系，成为全球制造业大国、对外投资大国和装备出口大国。当前，在参与世界贸易的 500 多项工业制成品当中，中国有 220 多项产能居世界第一。在钢铁、有色金属、电力、高铁、机械、电子、轻工纺织等重要行业，我国都具备了相当强的制造能力，这些产业的制造水平、技术标准大体上处于国际最先进或比较先进的水平。我国的产能优势与"一带一路"国家有着巨大的合作对接空间。由此可见，推进国际产能合作是实现"一带一路"愿景的共赢之举。"一带一路"倡议推行以来，我国秉持共商、共建、共享原则，注重加强与沿线国家发展战略对接和产业互补衔接，尊重和照顾各方切身利益诉求，在产能合作过程中，不仅注重转移产业的"输血"功能，更注重帮助合作国培育形成"造血"功能，发展有竞争力的产业群，为该国的经济发展和产业结构升级提供重要动力，产能输出已成为国际产能合作的新载体。

（四）境外经贸合作区成为"一带一路"国际产能合作的新平台

境外经贸合作区是以中国境内注册企业为主体，通过谈判与东道国政府签订协议，在协议限定的区域内投资建设形成的产业链完整、集中度高、公共服务功能健全、管理模式便捷高效的产业园区。经过多年的发展，我国的境外经贸合作区建设经历了从无到有、从小到大、由点到面的综合性发展，作为"一带一路"建设的重要抓手，境外经贸合作区已成为我国"一带一路"国际产能合作的新平台。2005年商务部提出建立境外经贸合作区，出台多项政策鼓励中国企业开发投资境外经贸合作区。中国境外经贸合作区建设在政府扶持下进入快速增长期。2012年，中方提出改变境外经贸合作区的建设方式，由企业作为境外经贸合作区的主导，先行建设园区，达标后由商务部、财政部考核确认，此举使境外经贸合作区数目激增。境外经贸合作区的成立与建设既为"一带一路"沿线国家的经济和社会发展做出了重要贡献，不断深化国际产能合作，通过为东道国提供资金和技术支持，助力东道国实现工业化和现代化，也为我国企业"走出去"营造了安全可靠的"小环境"，发挥了产业集聚效应，引导企业"集体出海、抱团取暖"，提高企业组织化程度，为拓展中国经济发展空间、加快企业国际化进程提供持续动力。

第三节　全球范围内国际产能合作布局

我国倡导的国际产能合作，既注重与周边重点国家的合作，也注重与全球各重点国家和地区的合作。在合作过程中，将我国品质优良、质量上乘的产能和装备，与发达国家的高端技术优势和资金优势结合起来，与发展中国家的市场需求和要素资源优势结合起来，既顺应了全球经济的发展大势，又契合了发达国家、发展中国家和我国自身的比较优势，从而实现优势互补，三方惠利。结合各国合作的意愿和产业的互补，我国在开展国际产能合作时坚持全球范围内"一轴两翼三片区"的合作大格局。

一、"一轴"——以周边国家为主轴，建立国际产能合作核心区域

中国在推进国际产能合作中依托地缘优势，以中俄蒙、孟中印缅、中巴等国际经济走廊建设为抓手，率先推进与周边重点国家包括东盟十国、

中亚、俄罗斯、蒙古国等国的国际产能合作。

（一）东盟

2018 年，中国与东盟通过《中国—东盟战略伙伴关系 2030 年愿景》，推动中国—东盟战略伙伴关系向更高水平发展。在贸易合作方面，2020 年中国和东盟经贸合作逆势上扬，东盟历史性地成为中国最大贸易伙伴。中国与东盟贸易额 6846.0 亿美元，同比增长 6.7%。其中，中国对东盟出口 3837.2 亿美元，同比增长 6.7%；自东盟进口 3008.8 亿美元，同比增长 6.6%。越南、马来西亚、泰国为中国在东盟的前三大贸易伙伴。在投资合作方面，2020 年中国对东盟全行业直接投资 143.6 亿美元，同比增长 52.1%，其中前三大投资目的国为新加坡、印度尼西亚、越南。东盟对华实际投资金额为 79.5 亿美元，同比增长 1.0%，其中前三大投资来源国为新加坡、泰国、马来西亚。2021 年 10 月，东盟十国与中国的关系升级为全面战略伙伴关系。在中国与东盟经济交往取得全面、显著发展的同时，双方已成为重要经济合作伙伴，为开展产能合作奠定了坚实基础。

（二）中亚

中亚国家是中国丝绸之路经济带倡议的重要枢纽，是"一带一路"倡议的重要合作伙伴。随着"一带一路"倡议的推进，通过积极参与双边与多边经贸合作，中国与中亚国家经贸合作增长幅度大，增速趋稳，中亚已经成为"一带一路"沿线贸易额增长最快的地区之一。另外，在政策沟通方面，哈萨克斯坦 2050 战略、乌兹别克斯坦"福利与繁荣年"规划、吉尔吉斯斯坦"国家稳定发展战略"、塔吉克斯坦"能源交通粮食"三大战略及土库曼斯坦建设"强盛幸福时代"发展战略，均与"丝绸之路经济带"建设实现了国家层面的有效对接，为实现中国与中亚地区的产能合作提供了有效的政策保障。

（三）南亚

南亚是开展国际产能合作的重点区域之一，南亚各国的参与对开展国际产能合作具有重要意义。国际产能合作在南亚地区的开展主要是依靠中巴经济走廊和孟中印缅经济走廊的建设进行全方位推进。中巴经济走廊作为巴基斯坦历史上推动经济发展的最大规模项目，以能源、交通基础设施、产业园区合作、瓜达尔港为重点实施合作布局。在全部的 22 个项目中，目前已有一批项目顺利推进，瓜达尔港疏港公路、白沙瓦至卡拉奇高速公路、喀喇昆仑公路升级改造二期、拉合尔轨道交通橙线等重点项目开工建设。另外，以中缅经济走廊为主的双边合作作为孟中印缅经济走廊的重点内容，国际产能合作成效显著。2018 年，中缅两国共同成立了中缅经济走廊联合委员会，签署了关于共建中缅经济走廊的谅解备忘录、木姐—曼德勒铁路项目可行性研究文件和皎漂经济特区深水港项目建设框架协议。

（四）俄罗斯、蒙古国

中蒙俄三国地理位置相邻，发展战略高度契合，经济互补性强，区域资源开发潜力巨大，开展国际产能合作具备得天独厚的有利条件。《关于编制建设中蒙俄经济走廊规划纲要的谅解备忘录》《建设中蒙俄经济走廊规划纲要》等合作文件的签订将中国的"丝绸之路经济带"与俄罗斯的"跨欧亚发展带"、蒙古国的"草原之路"计划相连，有效推动了中蒙俄三国发展战略的对接。2018 年，三国签署《关于建立中蒙俄经济走廊联合推进机制的谅解备忘录》，进一步完善了三方合作工作机制，共同打造中蒙俄经济走廊成为"一带一路"六大经济走廊之一。中俄蒙经济走廊作为中国周边国际经济合作的重要方向，在推进深化三国的产能合作中发挥了关键的引领作用，取得了丰硕的合作成果。2020 年，中俄双边货物贸易额 1077.7 亿美元（约合人民币 7015 亿元），连续三年突破千亿美元大关。中国在俄外贸中的占比进一步提升，连续 11 年稳居俄罗斯第一大贸易伙伴国地位。

二、"两翼"——以非洲、中东和中东欧为"西翼"，以拉美国家为"东翼"，推进国际产能合作支撑区域

我国国际产能合作的布局以非洲、中东和中东欧重点国家为"西翼"，以拉美重点国家为"东翼"，在推进国际产能合作支撑区域建设的过程中，拓宽了各国的发展空间，促进了中国和合作国的互利共赢。

（一）非洲、中东地区、中东欧拓宽了"西翼"发展空间

1. 非洲

随着全球政治格局的演变和非洲局势的稳定，非洲的资源优势和市场潜力日益凸显。当前，非洲正处于工业化的起步阶段，工业基础薄弱、基础设施滞后、资金短缺等问题严重束缚了非洲工业化进程的起飞。中非产能合作以基础设施建设、资源的开发利用和产业的发展作为合作重点，以直接投资、承包工程和技术合作为主要形式，主动对接非洲各国的发展战略，对促进非洲各国的工业化水平具有重大意义。自 2013 年国家主席习近平访问非洲提出推动非洲建设"三网一化"（助力非洲的铁路网、公路网和区域航空网"三大网"及非洲工业化建设）的发展目标以来，中非产能合作取得了丰硕的成果。据中国海关数据统计，2000 年至今，中国累计自非洲进口 1.2 万亿美元，对非洲出口 1.27 万亿美元。近年来，中非贸易额每年约 2000 亿美元，中国进口约 1000 亿美元，出口约 1000 亿美元，中国已经连续 12 年成为非洲第一大贸易伙伴国。在基础设施合作方面，中国企业积极参与非洲基础设施建设，在铁路、公路、港口、机场等交通设施，水利枢纽和电力设施等领域实施了一大批重大项目，为实现非洲的互联互通发展起到了积极作用。非洲最大悬索桥莫桑比克马普托大桥、几内亚苏阿皮蒂水电站等一批重大项目相继建成。目前非洲是中国企业对外承包工程的第二大市场。在产业投资方面，截至 2020 年底，中国在非洲设立的各类企业超过 3700 家，对非洲全行业直接投资存量超过 460 亿美元。境外经贸合作区已经成为中非经贸合作的新模式和推动非洲工业化的重要平台。目前，我国已经在非洲建立了 25 个经贸合作区，为非洲提高工业化水平、创造就业、增强出口创汇能力，做出了积极贡献。

2. 中东地区

中东地区作为"一带一路"建设的核心经济走廊，凭借特殊的地理位置和优越的能源储备，成为中国国际产能合作的重要伙伴。目前大多数中东国家属于新兴经济体和发展中国家，人均国内生产总值远远低于发达国家水平，很多国家正处在工业化、城市化的起步或加速阶段，对能源、通信、交通等基础设施需求量较大，契合了我国所倡导的"一带一路"建设的推进。例如沙特阿拉伯提出的"2030 愿景"，通过改变产业结构从过度依赖石油经济向新能源等新型领域拓展，从而推动工业制造业发展。伊朗

提出发展"抵抗型经济",出台"20 年发展愿景规划";阿联酋则启动马斯达尔城项目,重点发展与环保相关的产业;摩洛哥启动"全国工业崛起计划",把航空航天、汽车、电子等行业确定为重点发展行业。从中东国家的工业化发展规划中可以清晰地发现,中东国家的工业化推进涵盖了大量中国具有优势的装备制造业,双方的供应和需要无缝对接,为中国推进与中东国家的国际产能合作创造了良好的机遇。近年来,中国与中东国家开展的国际产能合作契合了中国与中东国家的现实需求和未来规划,也取得了一系列的重要成果。在沙特阿拉伯,中阿两国签署了经贸、能源、产能等领域价值 650 亿美元的双边合作备忘录和意向书,目前中国已经成为沙特第一大贸易伙伴。在阿联酋,作为首个同中国建立战略伙伴关系的海湾阿拉伯国家,阿联酋通过建设中阿产能合作示范园积极与中国推进国际产能合作。中阿产能合作园作为中国首家"一带一路"产能合作园,目前已有 16 家企业与园区签署了投资框架协议,涉及化工、新能源等多个行业,投资总金额超过 64 亿元人民币。

3. 中东欧

中东欧国家地处欧洲东大门,在地理位置上优势独特,在中国与欧洲国家的合作中具有重要作用。中国与中东欧 17 国的合作始于 2012 年,在中方的倡导下,"17+1"的合作在波兰起步,多年来双边合作由小到大、由浅入深,涉及基础设施建设、装备制造、经贸投资等多个领域,目前已初步形成全方位、宽领域、多层次的合作格局。据海关数据统计,2020 年,中国与中东欧 17 国贸易额达到 1034.5 亿美元,首次突破千亿美元,增长 8.4%,高于同期中国对外贸易增幅和中欧贸易的增幅,中国—中东欧国家合作已是中欧全面战略伙伴关系的重要组成部分和有益补充。当前,中东欧国家处于经济转型的重要阶段,面临基础设施改造完善、产业振兴发展的瓶颈,需要在技术装备、基础设施建设和资金等方面得到支持。而中国具有完备的产业体系和国际竞争力的装备制造业,在钢铁、造船、港口设备等领域拥有优质产能,综合配套和工程建设能力强,开展中国—中东欧国家间的产能合作,将中东欧国家的发展需求和中国的产业、资金优势结合起来,将有力促进中东欧国家的基础设施完善和产业提升,促进中国产业转型升级,使合作双方达到互惠共赢。目前,中国—中东欧各国基础设施互联互通进展顺利。中国企业在塞尔维亚、波黑、黑山、马其顿承建的一系列能源、交通基础设施项目顺利实施,匈塞铁路塞尔维亚境内段已开工建设。

（二）拉美国家快步开展"东翼"合作

当前世界经济仍处于低迷复苏阶段，新兴市场经济体正在为全球经济增长做出越来越多的贡献。作为新兴经济体的集中区域，拉美地区已成为改善全球经济治理体系的重要力量。近年来，拉美国家纷纷加快经济改革和产业结构调整步伐，如巴西推出"重振制造业"目标，秘鲁的《2016—2021发展规划》提出利用自身资源优势大力发展矿业、冶金产业。"一带一路"所提倡的国际产能合作与拉美自身的发展规划具有高度的一致性，为中国加快国际产能合作提供了重要机遇。2015年，国务院总理李克强提出中拉合作"3×3"新模式，以物流、电力、信息等领域重大项目为抓手，充分发挥企业、社会、政府等各方积极性，畅通基金、信贷、保险等融资渠道，聚焦巴西、秘鲁等重点国家，推动中拉产能合作迈上新台阶。新形势下，开展中拉合作，尤其是国际产能合作对实现中拉双方互利共赢具有重要意义。中国与拉美国家的经贸合作全面发展，合作双方在贸易、投资、工程承包等方面成果丰硕。目前，中国已成为拉美第二大贸易伙伴国，拉美成为仅次于亚洲的中国海外投资第二大目的地。

三、"三片区"——以西欧、日韩和大洋洲为主体的经济片区，拓展国际产能合作延伸区域

随着"一带一路"建设从"大写意"转向"工笔画"，一系列超出预期的国际合作成果让一些西方发达国家逐渐放下曾经的误解或偏见，加快加入"一带一路"倡议的脚步。2019年意大利成为首个加入"一带一路"倡议的七国集团成员国；卢森堡与中国签署共建"一带一路"合作谅解备忘录；德国、法国、英国、新西兰等主要发达经济体纷纷向"一带一路"倡议释放出积极信号。已与中国签署合作文件的125个国家和29个国际组织中，发达国家和来自发达国家的公司、金融机构赫然在列，国际产能合作已作为"一带一路"建设的重要抓手，受到越来越多的西方发达经济体的青睐。

（一）西欧片区

"一带一路"已成为全球最大规模和最受关注的公共产品，为促进全球合作和共同发展做出了重要贡献。随着欧盟体系的重组和世界经济格局的演变，越来越多的欧洲国家选择参与"一带一路"。2012年4月，中国—中东欧国家"16+1合作"正式启动；2017年中东欧16国全部纳入"一带一路"倡议框架中；2019年4月，希腊作为正式成员加入"16+1"合作，成为该机制的第17个欧洲成员国。"17+1合作"作为"一带一路"倡议融入欧洲经济圈的重要承接地，多年来，中东欧各国在基础设施、工业、金融等多个领域实现了切实发展，这为"一带一路"协议拓展西欧产能合作区提供了广阔前景。中法联手在英国建设核电站，成为"一带一路"三方合作的经典项目。德国西门子公司同上百家中国企业合作开拓全球市场，为多个"一带一路"项目提供蒸汽轮机和发电机等设备。中欧班列已累计开行超过13000列，到达15个欧洲国家的49个城市。

2018年12月，葡萄牙与中国签署共建"一带一路"谅解备忘录，成为第一个签署该协议的西欧国家。葡萄牙是连接陆上和海上丝绸之路的重要枢纽，作为"一带一路"建设的重要合作方，中葡开展"一带一路"合作具有天然优势。近年来，中葡经贸合作持续深入。据统计，2020年中国与葡萄牙双边货物进出口额为696375.5万美元，相比2019年增长了27394万美元，同比增长4.1%，中国已经成为葡萄牙在亚洲的第一大贸易伙伴。2015—2020年中国与葡萄牙双边货物进出口额数据如图1-2所示。

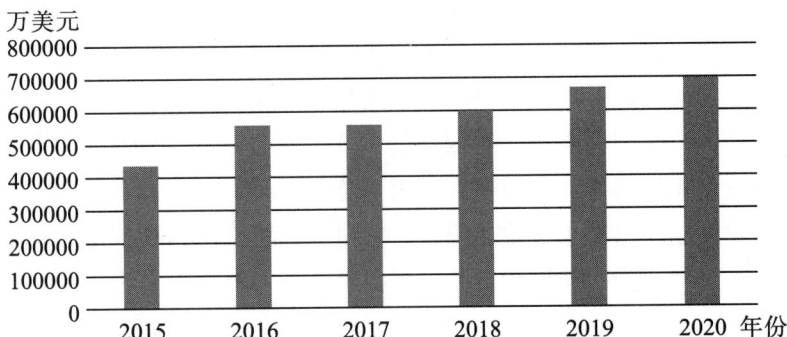

图1-2　2015—2020年中国与葡萄牙双边货物进出口额数据

数据来源：中国海关官网。

2019 年 3 月，中国与意大利共同签署了中意政府间关于共同推进"一带一路"建设的谅解备忘录。意大利成为首个签署这一协议的"七国集团"（G7）国家，这对西欧各国参与"一带一路"建设具有重要的示范意义。2019 年，中意两国政府以签署"一带一路"合作谅解备忘录为契机，加强"一带一路"倡议同意大利"北方港口建设""投资意大利计划"对接，推进在航空航天、港口基础设施建设、第三方市场合作等多个领域互利合作。2020 年，中意双边贸易额以 551.85 亿美元的成绩再创历史新高，较上年增长 0.4%。其中，中国自意大利进口 222.48 亿美元，较上年增长 3.8%。目前，意大利是中国在欧盟的第五大贸易伙伴、第四大出口市场和第四大进口来源地。

（二）日韩片区

"一带一路"建设促进了世界经济发展，也为中日韩三国加强多领域合作提供了重要机遇。日韩两国作为历史上丝绸之路的重要节点，完全有条件以更加积极的姿态参与"一带一路"建设下的国际产能合作，共享合作成果，这也必将成为三国合作的新亮点和增长点。

2015 年 10 月，中韩政府签署了《关于在丝绸之路经济带和 21 世纪海上丝绸之路建设以及欧亚倡议方面开展合作的谅解备忘录》。多年来，中韩合作已从单纯的经贸合作迈向更深更广的领域。中韩双方在智能制造、高端技术研发、基础设施建设等多领域打造新的合作亮点，构建新的合作平台，实现"一带一路"倡议和"欧亚合作倡议"的对接，推动了东亚地区经济一体化进程，在助推中韩两国更加紧密地融合世界经济发展的同时，进一步激活欧亚大陆的经济增长潜力。目前，我国是韩国第一大贸易伙伴国、进口来源国和出口对象国，韩国是我国第三大贸易伙伴国、第一大进口来源国和第三大出口对象国。据海关数据统计，2020 年中韩两国贸易总额突破 3000 亿美元。

2017 年日本政府参加了"一带一路"峰会，表明将有条件地参加"一带一路"建设。同年 12 月，日本政府制定了"民间经济合作指针"，允许日本企业在节能环保合作、产业升级、利用物流资源这三个领域参与"一带一路"建设的项目。日本企业对"一带一路"最初的消极态度，随着日本政府态度的变化转为积极应对。2018 年，首届中日第三方市场合作论坛在北京成功举行。论坛期间，两国地方政府、金融机构、企业之间共签署 50 余项合作协议，金额超过 180 亿美元。日本政府越来越重视"一带一路"倡议所带来的发展机会。2018 年 5 月，日本运通公司开始利用中欧班列提供日本和欧洲之间的联运服务，为日本企业提供更便利的物流服务，迈出了"一带一路"的第一步。

（三）大洋洲片区

中国倡导的"一带一路"建设也得到了大洋洲片区国家的积极支持和热烈响应，同中方签署合作文件的国家也包括新西兰等南太平洋国家。2015 年，澳大利亚作为创始成员加入亚洲基础设施投资银行。2017 年，中澳双方签署了第三方市场合作谅解备忘录。2018 年，维多利亚州政府加入"一带一路"倡议。连接亚洲和欧洲的基础设施建设将使澳大利亚受益。随着中国与其他亚洲国家和地区经济持续增长，新的开发市场将为澳大利亚产品和服务敞开大门，未来中澳合作将具有广阔前景。2018 年，中国同巴布亚新几内亚、萨摩亚、密克罗尼西亚联邦、库克群岛、汤加等签署共建"一带一路"合作协议，进一步拓展了产能合作在大洋洲片区的机遇。

第二章 国际产能合作中的产业升级机理

本章在区分产业升级、产业结构的升级、产业的结构升级等相关表述的基础上，界定了产业升级的概念与内涵。同时，通过对国际产能合作、产业升级以及两者关系的研究等相关文献进行回顾与述评，深入了解和把握目前国内外关于产业升级的研究现状；梳理和分析了国际产能合作中的产业升级机理，为后续研究提供了坚实的理论基础。

第一节 产业升级概念界定

产业升级是产业经济学重要的基础概念，学者们分别从不同的研究角度定义产业升级的概念和内涵。但由于界定角度不同，目前并无统一的概念。

一、国外产业升级概念研究

在相关的国外文献中，Porter（1990）将产业升级与产业比较优势相联系，认为产业升级是指一个国家在技术密集型产业和资本密集型产业中的比较优势，强调了技术进步在产业升级中的重要作用。Poont（2004）认为，产业升级是产品制造商成功从生产劳动密集型产品向生产技术密集型或资本密集型产品转换的过程。Ernst（2003）从产业升级的方式对产业升级的概念进行阐述，提出了将产业升级分为 5 类：产业间升级、要素间升级、需求升级、功能升级和链接升级。随着全球价值链（Global Value Chain）成为世界经济发展的重要特征，Kaplinsky（2000）提出，有效的产业升级研究需要深入了解全球价值链。此后更多的国外学者开始用全球价值链理论解决产业升级问题。Gereffi（2002，2005）以全球价值链理论为视角开展产业升级定义研究，认为产业升级是企业、国家或地区为了获得更多的参与国际生产带来的安全、价值增值、能力提升等方面的益处，从全球价值链的低价值活动向高价值活动转移的过程。Humphrey，Schmitz（2002）从全球价值链视角提出了工艺升级、产品升级、功能升级和跨产业升级 4 种产业升级模式，并指出前 3 种升级是产业内升级，第 4 种升级是产业间升级。

二、国内产业升级概念研究

国内学者对产业升级的研究起始于 20 世纪 80 年代，吴崇伯（1988）认为，产业升级就是产业结构的升级换代，产业升级的中心是推动劳动密集型和资源密集型产业向技术密集型、知识密集型和资本密集型产业转化。在此之后，产业升级问题日益受到国内学者们的关注。部分学者从宏观层面分析，将产业升级与第一、二、三产业依次转移相联系，认为产业升级的效果可以由产业层次结构的变化来反映。张耀辉（2002）认为，产业升级是高附加值产业代替低附加值产业的过程，衡量产业是否升级的标准是产业整体的附加值是否增加。隆国强（2007）将产业升级认定为一个国家和地区依据比较优势从劳动密集型产业向知识密集型产业转变的过程。吴进红（2008）认为，产业升级是增加高附加值产业的比例，减少低附加值产业的比例。但也有学者提出产业升级不等同于产业结构升级的意见。李江涛等（2009）认为，产业升级概念是比产业结构升级更高层次的概念，包括产业升级和产业链升级。李晓阳等（2010）认为，产业升级是产业结构的提升改善和产业效率的提高，而产业结构升级主要表现为生产要素的优化组合及技术、管理水平的提升。

三、产业升级概念界定

（一）产业升级、产业结构的升级、产业的结构升级区分

从已有对产业升级定义的研究来看，目前相关研究对产业升级的概念

界定上存在一定分歧，将产业升级与产业结构的升级相混淆。产业升级是否等同于产业结构的升级？芮明杰（2012）认为，产业结构是指构成产业体系的各产业之间在时空上的联系和联系方式。吕明元（2015）认为，产业结构是指在社会再生产过程中，社会经济资源在各产业间的配置状态。本书认为产业结构升级是国民经济中各产业之间比例关系的优化，而产业升级的主体是单一产业，其升级过程围绕着产业内部进行。刘仕国等（2015）认为一种极端的情况是，各产业均升级并且力度相当，并未导致各产业在国民经济中的比例关系发生改变，因此不会促进产业结构的升级，但会促进国民经济整体的产业升级。所以，产业升级同产业结构的升级之间并不存在相互必然的关系。另外，张晓莺（2012）认为，产业的结构升级是指特定产业内部的结构升级，具体表现为产品结构升级、技术结构升级、组织结构升级以及加工深度结构升级。因此要注意区分产业升级、产业结构的升级和产业的结构升级概念。

（二）产业升级概念及内涵

目前，全球分工快速发展、全球价值链深度整合，在国际价值链理论不断发展的背景下，本书从产业升级的本质是获取更高的产业增加值出发，认定产业升级是指市场主体（企业、国家或地区）为获得更多的参与全球分工所带来的创造就业、提高劳动者技能和技术溢出等静态与动态效益，积极改善技术与投入，提高产业增加值，谋求在全球市场中的比较优势。全球价值链分工下，产业升级的结果表现为产业增加值的高低，产业的增加值越高，说明该产业的国际竞争力越强，对本国的经济增长和劳动者就业的贡献就越大。产业升级的本质是获取产业的增加值，那么是否所有的提升产业增加值的路径都可以视为产业升级的应有之义呢？张辉（2006）认为，全球价值链分工下的产业升级包括价值链环节的内在属性和外在组合两个方面的变动，可分别称为"内涵式"升级和"外延式"升级。吴进红（2007）认为，产业升级的路径有三种：提高产量，纯粹地扩张产业规模；改造现有产业，提高产业整体增加值的创造能力；在产业内部扩大高增加值活动比例，提高投入产出比率。其中，后两种路径属于产业升级的内涵式增长。本书沿用刘仕国等（2015）提出的观点，产业升级仅指增加值的内涵式扩张，即提高单件产品的价值和增加值率，而非提高产量这种外延式扩张。

第二节　相关研究综述

一、关于产业升级的研究

当前，全球经济仍处于深度调整期，经济增长动力不足、资源耗损较为严重，世界主要国家面临调整经济结构的巨大压力。党的十九大报告提出，实现"建设现代化经济体系"的战略目标要以经济效益为中心，推动产业优化升级。促进传统产业升级和新兴产业成长，优化配置要素资源是实现中国经济可持续增长的重要途径。产业升级是社会经济发展过程的重要内容，国内外学者根据不同的研究视角对其进行了广泛而深入的研究，纷纷从企业微观层面、全球价值链角度对产业升级的必要性给予了重要关注。进入 21 世纪后，围绕产业升级展开的动力机制、路径发展、政策扶持等研究已成为社会经济关注的重点。

（一）产业升级动力研究

现有研究结果表明，技术创新、国际贸易等要素已成为影响产业升级的推动力。约瑟夫·熊彼特（1912）在《经济发展理论》中首次提出创新理论，认为创新是把一种从未有过的关于生产要素和生产条件的新组合引入生产体系的生产函数，是经济发展的动力。同时，他在《资本主义、社会主义与民主》中强调创新对产业发展具有创造性的破坏作用。日本经济学家筱原三代平（1957）提出比较生产率原则，认为各个产业之间的技术进步可能性是不相同的，技术进步的程度会出现差异化。基于技术进步和产业改善的对应关系，要在产业结构中提高技术进步迅速部门所占的比重，促进产业结构改善。Rostow（1998）提出了产业扩散效应理论和主导产业的选择基准，即"罗斯托"基准。他将技术创新引入产业升级的分析中，认为依靠科学技术进步，选择具有扩散效应的产业作为主导产业，将主导产业的产业优势辐射到产业关联链上的各产业中，以带动整个产业结构的升级，促进区域经济的全面发展。众多国内学者也从技术创新的角度研究了产业升级的动力因素。傅家骥（1998）认为技术创新是影响产业升级的主要因素，提出"没有技术创新，就没有产业结构的演变；没有产业结构的演变，就没有经济的持久增长"的结论。陈敦贤（2000）指出，产业结构高度化和产业升级的核心是知识创新和技术进步，技术演变是产业升级的核心。杜晓君（2000）认为，技术创新能力已经远远超越了资源、劳动力等传统比较优势的范畴。通过自主创新获得的竞争优势才会形成产业的核心竞争力，并且这样的竞争优势能够成为产业升级的可持续性动力。另外，伴随着日本经济学家赤松要在 20 世纪 30 年代根据产品生命周期理论提出的"产业发展雁行模式"，众多学者也从国际贸易角度对产业升级作用展开研究。Vernon（1966）基于产品生命周期理论，强调了应当根据产品生命阶段来决定产品生产与出口，从而影响产业的动态变化。该研究从比较优势动态转移的角度将国际贸易与产业升级过程联系起来。国内学者吴进红等（2006）在对产业升级内涵分析的基础上，从国际贸易要素入手研究了开放条件下产业升级的动力机制。研究指出，国际贸易主要通过商品和技术的进出口、改善国内各部门的投入产出效率来影响产业升级。同时，促进专业化和市场竞争也在一定程度上提升了各产业的核心竞争力。

（二）产业升级路径研究

如何推动产业升级，保持经济增长动力，实现社会经济的可持续增长？国内外学者们从多领域、多维度研究了产业升级路径。邓向荣、曹红（2015）认为，国内传统的劳动密集型产业退出障碍会降低资源配置效率，抑制技术密集型产业的创新能力累积与跨越式升级。建立产业进入退出机制，集中国家优势推进产业关键技术开发已成为中国产业转型升级路径的必然选择。桑瑜（2018）提出产业升级与企业面临的竞争相关。企业要实现资本密集型向技术密集型产业升级，必须不断加大核心技术研发，保持在市场中的主导权以实现从资本密集型向技术密集型升级。王军等（2019）从金融创新角度出发研究产业升级路径，提出金融创新影响产业升级可以通过培育消费金融市场、刺激消费需求，促进科技进步、建立科技金融市场的有效供给、影响资本配置、促进产业配置效率改善等路径实现。梁颖等（2019）认为，发展中国家若凭借比较优势被动嵌入全球价值链，会受到发达国家的"纵向压榨"和其他发展中国家的"横向挤兑"双重压力，导致发展中国家的企业难以掌握核心技术，使得产业升级受限。近年来，中国顺应全球化的经济浪潮，提出了"一带一路"合作倡议，旨在强化"走出去、引进来"的发展战略，通过国际产能合作实现中国与沿线国家的产业升级。赵东麒（2018）认为，"一带一路"沿线国家制成品部门发展较为滞后，而中国在制造业产品部门无论是比较优势还是竞争优势都与"一带一路"沿线国家相比优势巨大。通过国家产能合作，可以推动中国制造业的国际竞争力水平。朱文忠等（2018）提出中拉双方都面临着经济结构转型升级压力，中拉开展的国际产能合作不仅有助于中方调整经济结构，帮助中国优势产能"走出去"，促进中国的产业升级，还可以推动拉美地区基础设施建设和工业转型升级，实现中拉双方的互利共赢和共同发展。在相关的国外研究上，Gereffi（1999）提出产业转型升级的关键在于自主品牌的创设，其演变过程为：委托组装（OEA）—贴牌生产（OEM）—自主设计（ODM）—自主品牌（OBM）。Puga，Trefler（2005）认为，全球经济范围内不管是低收入国家还是发达经济体，都可以通过持续的渐进式科技创新实现产业升级，从而推动经济增长。Junior（2014）以巴西汽车产业为例，认为产业发展中的形式化（formalization）和标准化（standardization）是推动产业升级的必要条件。

（三）产业升级政策研究

产业政策（industrial policy）是政府为实现一定的经济和社会目标制定的产业扶持、产业调整、货币手段等各种规划，以期引导国家产业发展方向，推动产业转型升级，实现国民经济的可持续发展。多年来，世界各国的经济发展历程证明，产业政策在产业转型升级的过程中作用不容忽视，不管是发达国家还是发展中国家都普遍存在产业政策。20世纪80年代，我国从日本引入产业政策以来，国内学者对此做了积极的研究。张冰、金戈（2007）认为，发达国家和发展中国家在产业转型升级过程中都可以实施产业政策，不过要区分政策推行过程中不同类型的政策选择。对于发展中国家来说，适宜采取强制性产业政策。孙早等（2015）认为，市场本身存在的信息外部性和协调失灵制约了经济发展，而政府通过产业政策的实施可以克服市场失灵引起的效率损失，加快推动国内的产业升级和技术进步。他同时提出，市场化水平的提高有助于增强地方政府实施产业政策效果，降低政策资源错配程度。彭伟辉等（2019）认为，目前我国市场力量还不足以支撑我国城市产业发展，需要产业政策对产业升级提供引导和帮助。不论功能性产业政策还是选择性产业政策，二者对我国产业升级都具有显著促进作用。韩永辉等（2017）提出，产业政策的推进可以促进产业优化升级。中国作为发展中经济体在顺应市场机制的基础上，应积极发挥政府角色，合理制定和推行产业政策以实现产业升级。张健等（2018）从企业微观层面出发，从政府补贴、信贷利率和企业所得税税率三个方面对产业政策进行量化，提出不同的产业政策虽效果不尽相同，但总体而言促进了中国企业的转型升级。另外，产业政策的公平性也在产业政策的产生效果上起着极大作用。国外学者做了大量的关于产业升级政策的研究。Delong（1995）认为，新技术的产生容易导致私人收益低于资本边际投资的社会收益问题，政府有必要提供一定的政策支持来确保投资者的信心，使其继续投资实现更好的转型升级。Lall（2003）认为，市场机制本身存在缺陷，为了更好地迎合社会经济发展的需要，以政府的产业政策干预市场是必须的。Rodrik（2004），Klinger（2004），Hausmann（2006）认为，不管是发展中国家还是发达国家都需要产业政策，特别是发展中国家。发展中国家存在严重的信息不对称以及经济失衡问题，一定的产业政策是发展中国家赶超发达国家的必要工具。Pack（2006）认为，产业升级需要具备一定的公共基础设施建设，包括财政资金、专利保护政策及各类人才支持政策等，突破产业升级的初始资本约束，降低产业升级的不确定性及潜在风险，推动产业成功升级的概率。

二、关于国际产能合作的研究

国际产能合作作为"一带一路"倡议下的新型国际经济合作模式，既契合了全球相关经济利益体的发展需求，又可带动我国产业的优化升级，是我国经济新常态下推进产业提质增效的重要途径。近年来，国内外学者基于不同的研究角度对国际产能合作做了论述和研究。

（一）国际产能合作机遇与风险研究

我国对于国际产能合作的研究集中于 2015 年后，众多国内学者认为开展国际产能合作是我国政府在当前全球经济发展的时代背景下，实现世界各国工业化、城镇化及现代化水平提高的共赢之举，具有高度的现实意义。但作为一次具有开创意义的尝试，战略的推进仍然面临各种风险。可以说，国际产能合作战略在推行上机遇与挑战并存。夏先良（2015）认为，国际产能合作可以弥补我国外贸和经济增长下行压力，推动产业升级，促进国内经济发展。但由于目前我国推动国际产能合作的机制不清晰、不健全，国际产能合作的推行遇到瓶颈。袁丽梅、朱谷生（2016）认为，通过国际产能合作可以将富余的外汇储备和优质的国内过剩产能相结合，充分发挥我国外汇储备作用，减少外汇储备损失。同时在企业层面，我国企业可以在国际产能合作中提高企业全球化发展能力和跨文化经营能力。玄欣田（2017）围绕国际产能合作风险防控问题开展研究。由于海外投资环境日趋复杂，部分国家面对中国的发展成就心态失衡，加之中国企业对东道国的了解不够深入，国际产能合作的推行面临着包括法律制度风险、社会风险、外交摩擦及竞争风险等多方面阻碍。国外一些学者认为，国际产能合作可以为合作国双方在产业合作和贸易发展方面提供新机遇。Odgaard，Delman（2014）认为，中国所开展的国际产能合作可以为合作国之间提供富有成效的合作平台，加深合作伙伴之间的信任与合作程度，开发带动双边或多边合作，有力地推动合作各方经济发展。Meierding，Emily（2017）认为，中国的国际能源产业合作会将中国的能源需求直接影响到国际能源市场。

（二）国际产能合作路径研究

目前国内学者对于国际产能合作路径的研究大多根据产能合作的方式、资本、区位等路径展开。刘瑞、高峰（2016）认为，推进国际产能合作可以从以下三方面展开：对于东南亚、南亚地区，可以进行劳动密集型产业转移和基础设施投资；与沿线中亚、北亚和西非国家重点合作交通建设、工业园建设及资源能源建设，转移资本密集型产业；推进与东欧国家之间的产能合作。慕怀琴、王俊（2016）提出国际产能合作的推行需要做好世界认同工作，在尊重与维护国际经济秩序的基础上，重点发展与中国经济合作互补性较强的国家。同时，做好政策支持与服务咨询工作，让中国企业在国际产能合作中从不同的角度积极发挥主观能动性，形成自己的目标和任务。赵德宇、刘苏文（2016）认为对外投资是国际产能合作的主要切入点，对外直接投资的继续增长将通过不同方式带动产能合作。同时，要积极发挥工程承包对国际产能合作的带动作用，利用对外工程承包的快速发展带动装备制造业、建材业"走出去"。刘佳骏（2016）认为，在中国经济结构和产业发展向全球价值链中高端转移的背景下，国际产能合作路径可以从以下三方面展开：通过资本输出带动产能输出，产融结合推进中国优势产能"走出去"；通过构建跨境产业链，支持优势产能向价值链高端延展；通过重点港口城市中外合作产业园区建设，实现高端项目集聚。陈继勇、蒋艳萍（2017）强调了国际产能合作可以通过对外直接投资、国际贸易、金融配套和全球治理等路径加大中国与相关地区的产业交流与合作。日本经济学家小岛清（1978）的边际产业理论认为，投资国在对外投资时应将本国已经处于或即将处于比较劣势的产业转移到该产业正处于优势地位或具有潜在比较优势的承接国，通过国际产能合作使双方在产业合作及贸易方面实现双赢。Jarillo（1988）认为各国在进行产业合作时，可以在企业间建立战略合作网络来有效地降低企业的交易费用，进一步推进各国的产业合作。

（三）国际产能合作的政策建议研究

国际产能合作是一种国家间产业互通有无、调剂余缺、优势互补的合作方式，相较于单纯的产能转移，国际产能合作更是一种复合型的创新国际经济合作方式。全球经济持续低迷的情况下，研究国际产能合作的政策建议具有重要意义。金瑞庭（2016）认为，推进国际产能合作可以从革新国际合作理念、加强顶层谋划，将国际产能合作上升至国家发展战略、设立中国产能合作组织、深化融资体制变革、推进政府职能转变、实现国际产能合作向精细化方向延伸、构建走出去产业联盟以及发挥行业协会积极作用等方面着手。安宇宏（2015）认为，开展国际产能合作要内外兼修：对内要理顺协调机制，政府层面做好制度设计、能力建设、资源保障等工作；对外要抓住重点，根据项目成熟和难易程度循序渐进地做好国家重点项目的建设工作。李晓玉（2016）认为，中国可以借鉴美、日两国对外产能合作中产业选择、转移主体的发展经验，从减少政府对企业生产活动的干预、加大对外投资输出过剩产能、发展高新技术产业、支持过剩产业兼并重组、避免政府的过度投资推高通胀压力等方面推行国际产能合作。

（四）国际产能合作的国际经验研究

目前部分学者通过全球典型发达国家国际产业转移的国际经验总结来

为国际产能合作开展提供借鉴。王刚（2017）通过总结，比较了美国、日本等国家（地区）在产业转型升级过程中的对外产能输出实践，提出我国可以从法律体系、跨国公司培育、经济优惠政策等方面借鉴发达国家支持本国产业及企业开展国际投资合作的主要举措。焦多田（2018）概述了国际产业转移与工业革命相互促进的过程，梳理了美国、英国、德国等发达国家支持国际产业转移的经验，重点分析了立法保护、税收优惠、金融支持的主要政策举措对国际产能合作的借鉴意义。张哲人等（2017）以德国作为制造业强国代表，总结其产业转移与升级经验，为我国从建立健全风险预警与应对机制、实现我国企业在海外的可持续发展、统筹发挥好市场与政府力量、构建海外投资促进和保障机制等方面提供产能合作的借鉴。许豫东等（2016）以德国、日本为研究对象，剖析援助资金和商业资金相结合的经验，对中国国际产能合作涉及的中外双方合作项目资金提供参考。中国倡导的国际产能合作是以"一带一路"建设为契机开展的跨国互联互通，提高贸易和投资合作水平的国际化战略。目前国外学者对于"一带一路"倡议下的国际产能合作研究涉及较少，主要针对国际产业合作进行了较为详细的研究，为国际产能合作提供了丰富的借鉴经验。

三、关于国际产能合作与产业升级的关系研究

中国倡导的国际产能合作理念是一个基于全球视野的包容性发展的理念，让处于全球价值链上不同位置的国家通过多方资金及技术的合作实现全球多赢化格局。同时，中国也可以借助国际产能合作积极参与全球市场竞争，推动国内产业转型升级。基于国际产能合作"多赢化"特征，研究人员分别从价值链攀升、国际产能合作方式等角度开展国际产能合作与产业升级的关系研究。

（一）基于全球价值链的关系研究

国际产能合作作为推进"一带一路"建设的重要途径，契合了"一带一路"沿线国家的实际发展阶段，基于沿线各国的要素成本和比较优势的不同，扩大了中国与沿线各国在不同行业间的投资贸易范围。国内众多学者认为"一带一路"背景下的国际产能合作有利于我国顺应比较优势规律，将部分产业的优势产能转移到处于全球价值链低位势的经济体，同时

注重加强与发达国家的高水平技术合作，在攀升我国全球价值链分工地位的同时，可以倒逼我国产业转型升级。刘仕国（2015）提出全球价值链中存在的国际前沿理念、研发、技术、品牌等是追赶国家或跟随企业欠缺但又亟须弥补和拥有的内容。另外，追赶国家或跟随企业融入全球价值链具有巨大的后发优势，可借用先进经验和技术建立自己的生产能力和产业基础，满足国内需求。张茉楠（2016）认为，我国提出的"一带一路"倡议是一个跨越亚欧等区域或地区、强调与相关各国互利共赢、推动新一轮经济全球化增长的重大倡议。着眼于构建"一带一路"的全球价值链合作机制，不仅可以为我国产业转移与产业升级提供机遇，也势必会推动新一轮全球贸易的繁荣型增长。黄先海等（2017）认为，"一带一路"的建设将加速形成全球第四次产业转移浪潮，同时产生的新型全球价值环流将有可能成为中国及"一带一路"沿线国家突破"低端锁定"困境、提升国际分工地位的关键所在。基于比较优势的规律，我国可以利用国际产能合作方式将过剩产能转移到处于较低经济发展水平的沿线国家，实现自身产业优化调整。刘敏等（2018）分别从理论和实证层面提出国际产能合作可以通过产业转移、优化生产要素配置、提升技术水平等途径，提升发展中国家的全球价值链地位。同时研究发现，对处于全球价值链不同地位的国家，不同的国际产能合作方式会导致不同的提升效应。董千里（2018）提出"一带一路"产能合作不是简单地把产品卖到国外，而是把供应链、产业联动形成的供应链集成或产业集群为基础的产业链输出到"一带一路"沿线国家，帮助这些国家建立形成更加完整的工业体系、制造能力，双方或多方共享全球价值链的价值贡献。

（二）基于产能合作方式的关系研究

国务院在发布的《关于推进国际产能和装备制造合作的指导意见》中提出，要根据不同国家和行业的特点，有针对性地采用贸易、承包工程、投资等多种方式有序推进国际产能合作，实现经济发展的提质增效，加速中国资本"走出去"。据此，众多学者基于国际产能合作方式展开国际产能合作与产业升级的关系研究。其中，部分学者在全球新旧产业交替的背景下，结合中国当前的新一轮高水平对外开放，以 OFDI 合作方式为切入点深入研究国际产能合作对我国（母国）的产业升级影响。近年来大多数研究表明，对外投资可以促进母国产业升级。杨建清等（2012）从"逆梯度"型对外直接投资与"顺梯度"型对外直接投资两方面分析了对外直接投资促进我国产业升级的机理,指出针对发达国家的"逆梯度"型对外直接投资通过获取先进技术、摊分研发费用以及反向技术溢出效应等方式促进我国产业升级;而针对发展中国家的"顺梯度"型对外直接投资则通过传统产业的"价值转移"及使生产要素向国内新兴产业转移两个方面促进我国产业升级。潘素昆等(2014)认为,对外直接投资可以促进母国的产业升级,但不同投资动机的 OFDI 促进产业升级的机理机制不同。文章选取 2003—2012 年间的 58 个样本国家的相关数据,通过实证研究发现:技术寻求型 OFDI 可以获得先进的技术和充足的研发资金,对我国产业升级的促进作用最为明显,其次是市场寻求型 OFDI 和资源寻求型 OFDI。卜伟等(2015)认为,对外直接投资对推动我国产业转型升级并实现经济高质量发展有着重要作用。文章以利用对外直接投资前十名省份 2004—2012 年的面板数据分析 OFDI 对我国产业升级的影响后提出,对外直接投资通过产业转移效应、技术进步效应和资源补缺效应促进我国的产业升级。杨超等(2018)基于 2004—2015 的省级面板数据考察了对外直接投资对我国产业生产效率的影响,同时分析以技术水平和人力资本为衡量指标的地区吸收能力对于对外直接投资产业升级效应的调节作用,提出对外直接投资规模的扩大将有利于促进我国的产业升级优化。在相关的国外研究上,小岛清(1978)以边际产业扩展理论论证 OFDI 和日本产业升级关联,提出日本的 OFDI 符合"边际产业转移"规律,应将日本已经丧失或即将失去比较优势的行业转移到更具生产成本优势的发展中国家,成为比较优势的产业进行生产经营。这样的产业转移过程一方面促进了东道国的产业发展升级,另一方面也使母国的产业结构得到优化,对于我国现阶段对"一带一路"沿线国家的投资指引有着较强的借鉴作用。Cantwell(1993)以技术创新产业升级理论强调发展中国家的技术寻求型对外投资可以通过技术溢出效应促进母国产业优化,同时认为企业技术能力的提高与母国 OFDI 的产业选择直接相关。Izoni(2005)从企业层面研究了对外直接投资对母国产业升级的影响,提出发达国家的对外直接投资对母国的产业升级具有正向的积极作用。

四、研究述评

就现有的关于产业升级的研究来看，众多国内外学者在宏观层面对产业升级的概念界定、产业升级路径和产业升级政策等方面展开了丰富的理论研究，但对于特定行业背景的中微观层面研究较少。目前，装备制造业作为中国经济的缩影，提高其竞争力是中国渐进式经济改革的重要组成，具体的装备制造业产业转型升级研究尚有不足。同时，现有的关于国际产能合作的研究仍以理论分析为主，虽对国际产能合作的机遇与风险、国际经验借鉴、产能合作路径等方面展开了研究，但将国际产能合作与我国装备制造业产业升级两者相结合的文献较少。当前，全球产业结构加速调整，基础设施建设方兴未艾，我国政府积极推行"一带一路"倡议来推进国际产能合作，为装备制造企业提升跨国经营能力、实现全球价值链攀升带来了重大的机遇和挑战。特别是拥有实力较强的装备制造业优势的浙江省经济正面临向新常态转型的关键时期，对转变发展方式、调整经济结构提出了新要求。研究国际产能合作下的浙江省传统装备制造业的转型升级，有利于促进优势产能对外合作，形成浙江新的经济增长点，有利于浙江省装备制造企业不断提升技术、质量和服务水平，增强整体素质和核心竞争力，实现从产品输出向产业输出的提升。

综上所述，"一带一路"背景下研究国际产能合作对浙江省装备制造业转型升级的影响及提升路径有着重大的战略意义。本书将在现有研究的基础上，分析国际产能合作为装备制造产业带来的影响机制，结合浙江省装备制造业当前情况进行实证分析，对浙江省装备制造业通过国际产能合作推进产业升级提出相关政策和建议。

第三节　国际产能合作对产业升级的机理机制分析

一、区域合作促进要素配置优化

（一）理论基础

比较优势理论作为国际贸易活动的指导准则，自创立以来一直受到全球范围内经济学家的广泛关注。随着世界经济形势的改变，国际贸易的新实践也在挑战比较优势理论，使之不断地深化和发展。

现代比较优势理论是根据 1776 年亚当·斯密在《国富论》中提出的绝对优势理论演化而来。绝对优势理论主要以地域分工理论作为贸易理论的基础，但其无法解释很多国家在没有绝对优势时产品间所进行的贸易往来。1817 年，李嘉图在《政治经济学及赋税原理》中提出了相对比较优势理论，认为国际贸易的基础是生产技术的相对差别（而非绝对差别），以及由此产生的相对成本的差别。每个国家可以集中生产、出口本国具有"比较优势"的产品，进口本国具有"比较劣势"的产品。发展程度不同的国家同样可以从相互贸易中获利，两国之间都可以获得专业化分工提高劳动生产率带来的好处。该理论认为一个国家应以比较优势而不是绝对优势的原则为根据，调整本国的生产结构和进出口结构。

但是李嘉图的理论分析把国际贸易进行的原因只归结于生产技术的差异，并没有考虑其他生产要素的差异造成的国际贸易。1919 年，以李嘉图比较优势理论为基础扩展的要素禀赋理论将比较优势理论推到了一个新的高度。赫克歇尔和俄林构建的要素禀赋理论认为，国际贸易之所以进行是由于每个国家的要素禀赋不同。要素包括生产有形的或者无形的因素，例如土地、自然资源、物质资本、知识技术水平等各种要素。每个国家可以出口本国密集使用相对丰富、价格相对便宜的要素所生产的产品，进口本国相对缺乏、价格相对较高的生产要素所生产的产品。一国要素禀赋的变动会导致自身比较优势的演变，而要素禀赋的演变受到产品生命周期和要素流动的影响，从而导致一国的比较优势在不同时期有所不同。一国的生产结构受到自身要素禀赋的影响，产业结构会随本国要素禀赋的改变而变化，因此应发展本国具有比较优势的产业，调整优化本国的产业结构，带动要素禀赋升级，从而实现产业升级。

（二）机制分析

我国倡导的国际产能合作是在全球范围内实现多方共赢的务实之举，既注重加强与广大发展中国家的务实合作，也注重加强与发达国家的高水平合作。国际产能合作能够统筹全球范围内的各种资源要素，促进各国合理分工，优化资源要素的组合配置，从而实现生产效率的提高。如图 2-1 所示，参与国际产能合作的各个国家的要素禀赋存在差异，从而产生了各个国家的不同的比较优势。国际产能合作作为区域合作平台能够促进各国合理分工、各自发挥比较优势，并且要素与商品的自由流动能够优化资源要素的组合配置，降低各个国家之间的交易成本，通过提高生产效率带动产业竞争力的提高和要素禀赋升级，进而实现产业升级。

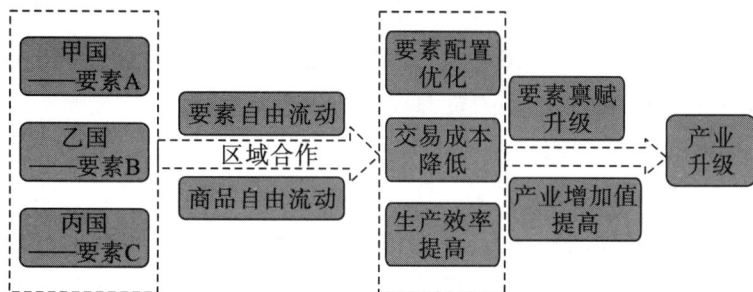

图 2-1　区域合作促进产业升级的影响机制

中国经济经历了改革开放的飞速发展，传统的要素禀赋优势已经发生变化，人口红利逐渐消失，加上资源和环境的约束，从商品和服务的输出国转向资本和技术的输出国，已是中国经济发展必然经历的阶段。多年来我国在大规模经济建设中形成的大量先进技术及制造装备符合广大发展中国家和中等收入国家对先进适用技术的需求，也可为实施"再工业化"的发达国家提供有力支撑。

二、国际产业转移实现产能输出

国际产业转移主要指产业移出国（通常为发达国家和地区）通过跨国流动将一些本国产业（主要是劳动密集型和资源密集型产业）转移至产业移入国（通常为次发达国家和地区及发展中国家和地区），从而实现本国产业调整升级，同时带动产业移入国的相关产业发展。

（一）理论基础

1. 劳动密集型产业转移论

Lewis 从发展经济学角度分析了 20 世纪 60 年代发达国家将某些劳动密集型产业的产品生产过程向发展中国家转移的现象，以赫克歇尔—俄林的要素禀赋理论为基础，提出了劳动密集型产业转移论。该理论认为发达国家向发展中国家进行劳动密集型产业转移的主要原因是发达国家的人口增长率逐渐降低，劳动力要素价格逐渐上涨，其劳动密集型产业逐步出现相对比较劣势。鉴于当时的国际产业转移主要是从发达国家向发展中国家进行的劳动密集型产业移出，因此认为引起国际产业转移的因素主要是发达国家与发展中国家在劳动力资源程度上的差异。

2. "雁行形态"理论

（1）"雁行形态"理论发展。日本经济学家赤松要（Kaname Akamatsu，1935）提出"雁行形态"的产业经济理论，旨在说明日本产业的成长模式。该理论认为日本的产业发展通常要经历进口新产品、进口替代、出口、重新进口四个阶段并周期循环，且这四个阶段在图形表达上呈倒 V 形态，酷似飞行中的雁阵。这样的"雁行产业发展形态"一般是在低附加值产业中出现，继而在高附加值产业的结构调整中出现雁阵格局。后来，日本学者小岛清（Kojima Kiyoshi，2000）进行研究上的延伸，将雁行形态分为原形态和两个引申形态。其中，原形态表现的是：在后进国工业发展的过程中，工业品呈现出进口→国内生产（进口替代）→出口三个环节的继起图形。引申形态的一种表现是：国内消费品进口、生产和出口→资本品进口、生产和出口的继起图形。引申形态的另一种表现是：某一种产品的进口→生产→出口的动态演化在国与国之间逐个传导的图像。另外，山泽逸平（2001）通过对东亚经济圈进行深入研究之后完善了赤松要和小岛清的"雁行形态"理论，提出了东亚各国产业的发展普遍要经历"引进—进口替代—出口成长—成熟—逆进口"五个阶段，更加详尽地展示出后进国家如何通过进口先进国家产品和引进技术，建立自己的工厂进行生产以满足国内需求，不仅可供出口，而且后来居上取代"领头雁"地位并最终实现经济起飞。

（2）"雁行形态"理论内涵。"雁行形态"理论对第二次世界大战后东亚经济的发展产生过重要影响：20世纪60年代至90年代初期这一阶段，东亚各国经济不同阶段相继起飞形成了一个产业转移和传递的"雁行模式"，证明了经济技术落后的后发国可以通过"引进—模仿—追赶"的经济发展战略实现经济腾飞，世界银行也将东亚地区经济的这种持续、高速增长称为"东亚奇迹"。"雁行形态"理论内涵主要体现在三个方面：第一，"雁行形态"理论是一种主张动态比较优势和静态比较收益相结合的追赶型经济发展模式，既要强调一国产业结构的高级化和生产力的跨越式发展，又要从"进口替代"过程中不失时机地向"出口导向"转换；第二，"雁行形态"理论是一种在投资国与被投资国之间实施动态产业转移的经济主张，将投资国已处于比较劣势的边际产业依次向被投资国转移，使后发国获得经济发展急需的资金与技术，实现各国产业结构的优化和生产能力的扩大；第三，"雁行形态"理论主张的投资国与被投资国之间的动态产业转移的前提是投资国的生产函数先进于被投资国的生产函数，不同生产函数的国家之间形成生产函数递减的产业梯次传递链是国际垂直分工的具体表现。当然，随着东亚地区经济技术条件的重大变化，后发国家与先进国家经济技术差距的不断缩小，"雁行形态"理论也显现出投资国本国的资本缺位、后发国对先进国家新技术与新产品的过分依赖导致后发国家之间出现了"产业结构同质化"现象，以及该理论过分依赖严格的约束条件等方面的局限。2001年日本发表《面对21世纪对外经济政策挑战》的贸易白皮书，指出以日本为"领头雁"的东亚经济发展模式已经结束。

（二）机制分析

国际产业转移的移出国是经济发展程度和产业发展程度较高的国家，产业承接国是具有一定承接产业转移能力的产业发展程度较低的国家，具备相关产业基本发展水平。如图2—2所示，产业转移国通过收缩本国发展程度较为成熟但即将或已经不再具有比较优势的产业，将其转移至其他国家或地区生产，释放国内产业的主要生产要素，使得资源流向获利能力更高的新兴产业，从而实现产业功能升级和链条升级；而产业承接国通过承接产业转移，吸收移出国的技术和资金，依托国内的低成本要素，扩大自身相关产业规模，提高本国企业的生产和技术水平，振兴本国相关产业的发展与成熟，发挥后发优势，实现赶超战略，不断扩大对移出国家产业转移的接纳。

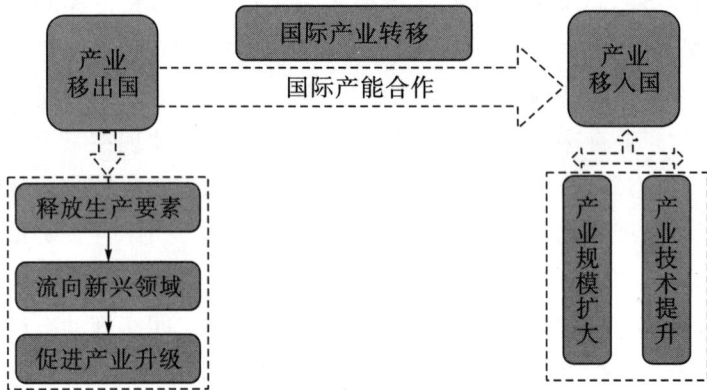

图 2-2　国际产业转移促进产业升级的影响机制

在区域经济一体化的发展背景下，诸多国家基础设施建设迎来了发展热潮。特别是许多"一带一路"沿线国家充分发挥国内劳动力资源丰富的比较优势，加快本国的基础设施建设，积极推进城镇化进程，对基础设施的需求强劲。并且，大多数发展中国家的制造业水平仍处于中低端，其中不少国家还处在工业化初期，建设用装备需求很大。而我国在许多装备制造业领域存在大量过剩产能，如钢铁、金属和汽车等领域，同时在这些领域具备一些世界先进水平的技术和产品设备，与许多发展中国家相关产业的发展需求契合程度较高，因此我国大力推动发展这些领域的国际产能合作有助于解决我国部分传统产业产能过剩问题，助力传统产业转型升级，提升我国传统产业的国际竞争力。同时，国际产能合作也将深化与广大发展中国家的产业分工与合作，促进当地经济和社会的发展，形成紧密的利益共同体。

三、对外直接投资提升技术水平

（一）理论基础

技术进步的相关理论认为，技术创新注重依靠自身革新实现技术进步，是技术进步的重要来源。

1. 国外相关理论研究

约瑟夫·熊彼特（1912）在《经济发展理论》中首次提出"创新理论"后，又在《经济周期》和《资本主义、社会主义与民主》中进行补充完善，形成独特的创新理论体系：创新是把一种从来没有过的关于生产要素和生产条件的新组合引入生产体系的生产函数，是经济发展的动力。创新理论包含内容十分宽泛，主要包括产品创新、技术创新、市场创新、资源配置创新和组织创新。在各种创新形式中，技术创新在经济发展过程中的重要作用被各路研究学者重点关注。罗斯托（Rostow，1959）在其提出的"主导产业理论"中就曾主张技术创新可以通过转变主导产业进而推动产业优化。该理论按照技术标准将经济成长阶段划分为传统社会阶段、为起飞创造前提阶段、起飞阶段、成熟阶段、高额群众消费阶段和追求生活质量阶段。经济成长的不同阶段分别对应着产业结构的调整过程：从以农业为主导的产业部门，逐渐转移至工业、商业和交通业部门，到消费服务业部门，再到教育、公共和社会福利部门。坎特威尔（Cantwell，1990）等提出了技术创新产业升级理论（Theory of Technological Innovation and Industry Upgrade）。该理论主要从技术累积出发，强调企业内部技术的累积是对外直接投资的重要动力，发展中国家对外直接投资获取的国外先进技术可反过来促进企业内部技术的累积，从而推动母国的产业升级。根据该理论，发展中国家会出于获得更新技术的目的而选择在发达国家进行投资。

2. 国内相关理论研究

朱慧茹等（2004）以技术创新产业升级理论为基础构建了技术获取型 OFDI 模型，发现发展中国家对发达国家的 OFDI 具有可行性并且有助于发展中国家的技术进步，证实了技术创新和对产业升级的影响。邹玉娟（2008）提出，发展中国家为获取东道国先进技术，具有对发达国家进行对外直接投资的动机。发展中国家企业通过对发达国家进行投资，获得东道国国家拥有的先进技术，实现本国企业的技术积累，产生逆向技术溢出，提升本国的产业技术水平，形成技术竞争优势，促进产业升级。逆向技术转移效应的存在能够解释发展中国家存在技术劣势的企业向发达国家进行的直接投资活动：一方面，发展中国家企业可以通过与发达国家先进技术的企业展开深入合作，降低自身生产成本，获得技术溢出效应；另一方面，也可以通过对发达国家投资设立研发机构，获取东道国的科研人才、产业信息等技术资源，从而获得新技术的溢出效应。

（二）机制分析

技术水平研发对企业的要求较高，除研发能力之外还需要流程、原材料、资产设备等相关配套研发能力，对于大多数需要提升生产技术的企业来说，很难仅靠自身的研发达到国际先进水平。因此，技术引进是发展中国家企业提升生产技术的一条重要途径：通过学习模仿发达国家企业的先进技术与研发模式，逐步提升自身的技术创新能力。如图 2-3 所示，通常发展中国家企业可以通过绿地投资、跨国并购和联合研发等方式，与国外具有先进技术的企业开展合作，从而实现技术引进目的。以跨国并购为例，发展中国家企业通过并购直接获取发达国家企业所拥有的先进技术，同时还获得东道国企业拥有的技术人员等智力资源，实现逆向技术溢出。

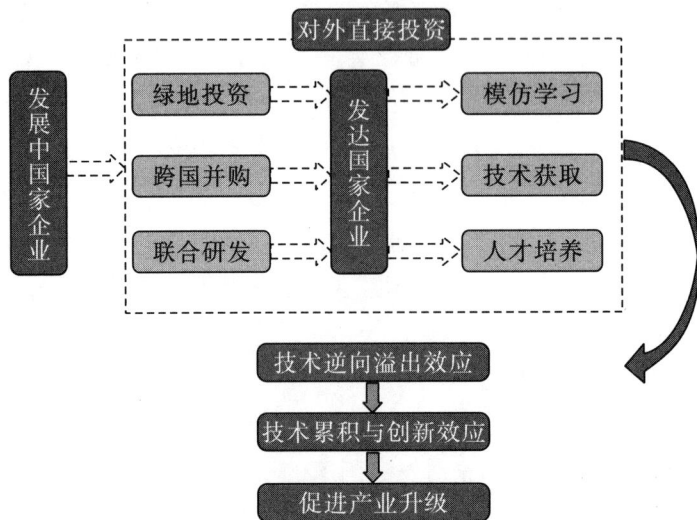

图 2-3　对外直接投资促进产业升级的影响机制

虽然我国的装备制造业水平在"一带一路"沿线国家中属于较高水平，但与全球发达国家相比还存在一定的差距。目前，中国的装备制造产业在全球制造产业链中仍处于中低端水平。同时，由于装备制造业处在一个国家的重要战略地位，出于政治、军事等综合因素考虑，西方发达国家对我国一直采取高端装备制造业的出口管制，我国装备制造业很难通过进口来吸收发达国家的先进技术。而国际产能合作能为我国企业的技术合作提供政策支持与保障：一方面，国际产能合作的配套文件鼓励我国企业"走出去"，到发达国家设立联合研发中心；另一方面，国际产能合作的倡议有利于增加我国与其他国家的了解和信任，减少政治因素对企业直接投资的干扰。因此，我国装备制造业应通过政策引领等措施，推动产业内企业积极参与国际产能合作。

第三章 我国装备制造业发展研究

制造业是立国之本、兴国之器、强国之基，是一国国民经济的主体，也是提升综合国力、保障国家安全、建设世界强国的保障。当今的世界强国，都曾走过制造业立国、强国的发展路径。中国在改革开放后，通过嵌入全球价值链，成为世界工厂，制造业发挥了重要作用。而装备制造业作为制造业中最核心的组成部分，是一个国家综合实力的体现，对于国民经济的发展起着至关重要的作用，其国际竞争力对中国综合国力和国际地位的高低有着重要影响。作为国民经济中的战略性基础产业，随着全球化的发展，我国的装备制造业也越来越多地融入全球产业转移浪潮中，呈现出新的竞争格局。

第一节 装备制造业的界定与分类

作为中国独有的概念，我国装备制造业的内涵并未被清晰地界定。对比世界其他国家和经济组织，目前也并没有明确提出"装备制造业"的概念。我国最早在 1998 年的中央经济工作会议"要大力发展装备制造业"中正式提出这个概念。

从研究文献来看，早在 20 世纪 80 年代，黄贞谕（1981）、林延中（1982）就已经在研究文献中提出与装备制造业相近的"机械制造业"和"机械工业"的概念。

从官方对装备制造业的定义来看，《国务院关于加快振兴装备制造业的若干意见（2006）》指出，装备制造业是为国民经济发展和国防建设提供技术装备的基础性产业。《装备制造业调整和振兴规划（2009—2011）》

指出，装备制造业是为国民经济各行业提供技术装备的战略性产业，产业关联度高、吸纳就业能力强、技术资金密集，是各行业产业升级、技术进步的重要保障和国家综合实力的体现。

一、中国装备制造业的分类

在我国的国民经济行业分类和工业统计资料中，并没有明确对应的装备制造业分类，而是根据装备制造业的界定把制造业大类下的相关装备制造部门汇总为装备制造业（表 3—1）。根据国民经济行业分类（GB/T 4754—2017），我国装备制造业包括 C33 金属制品业，C34 铁路通用设备制造业，C35 专用设备制造业，C36 汽车制造业，C37 铁路、船舶、航空航天和其他运输设备制造业，C38 电气机械和其他电子设备制造业，C39 计算机、通信和其他电子设备制造业及 C40 仪器仪表制造业，共 8 个子行业，见附表 3。

表 3—1　中国装备制造业两位数产业部门分类（2002—2022）

2002—2016 年		2017—2022 年	
部门代码	产业部门名称	部门代码	产业部门名称
34	金属制品业	33	金属制品业
35	通用设备制造业	34	铁路通用设备制造业
36	专用设备制造业	35	专用设备制造业
37	交通运输设备制造业	36	汽车制造业
		37	铁路、船舶、航空航天和其他运输设备制造业
39	电气机械及器材制造业	38	电气机械和其他电子设备制造业
40	通信设备、计算机及其他电子设备制造业	39	计算机、通信和其他电子设备制造业
41	仪器仪表及文化、办公用机械制造业	40	仪器仪表制造业

中国装备制造业的分类与装备制造业的技术发展水平密切相关，随着技术水平的不断创新，装备制造业的产业部门也随之发生一定的变化。本章比较总结了国民经济行业分类 GB/T 4754—2002 与 GB/T 4754—2017

的产业部门变化。

可以看到，从 2017 年起，"交通运输设备制造业"细分为"汽车制造业"及"铁路、船舶、航空航天和其他运输设备制造业"。"仪器仪表及文化、办公用机械制造业"更名为"仪器仪表制造业"，内部所包含的部门不变。

二、国外装备制造业分类

（一）国际标准产业分类（第四次修订）（ISIC/Rev. 4）

联合国统计司于 1948 年设计了国际标准产业分类（ISIC），并于 1958 年、1968 年、1990 年和 2008 年进行了四次修订，目前已有超过 100 个国家正在使用 ISIC/Rev. 4。经过第四次修订后的 ISIC 被作为欧洲共同体内部经济活动的一般产业分类（NACE）、北美产业分类体系（NAICS）及澳大利亚和新西兰产业分类（ANZSIC）的样本，并与其他国际标准分类保持着完好的对应性。ISIC/Rev. 4 中的装备制造产业部门包括：28 金属制品制造（机械及设备除外），29 机械设备制造，30 办公、会计及计算机械制造，31 电气机械及仪器制造，32 无线电、电视与通信设备及仪器制造，33 医疗、精密与光学仪器及钟表制造，34 机动车辆、拖车及半拖车制造，35 其他运输设备的制造。

（二）北美产业分类体系（NAICS—2002）

北美产业分类体系（NAICS）是 ISIC 的相关分类，所谓相关分类，是指 NAICS 只是部分地参考 ISIC 的类别定义，只在特定结构层次与 ISIC 相关联。北美产业分类体系是由美国经济分类政策委员会与加拿大和墨西哥的统计机构共同创立，反映了这三个国家的新兴产业、服务业和高新技术产业的发展，各国视其具体情况予以调整。该体系是以生产为单位的导向型分类体系，把生产数据作为测度生产率、单位劳动成本、生产的资本密集度以及其他有关统计的基础。北美产业分类体系协定保持该代码体系的前 5 位不变，第 6 位允许各国根据自身的情况做适当调整。因此，美国的北美产业分类体系的代码与加拿大、墨西哥的有所不同，但是三个国家的 5 位代码体系是完全相同的。NAICS—2002 的装备制造产业部门包括：332金属制品制造业，333机械制造，334计算机电子产品制造，335电气设备、器具、器件制造，336交通设备制造。

（三）欧洲共同体内部经济活动的一般产业分类（NACE/Rev. 2）

欧洲共同体内部经济活动的一般产业分类（NACE）是国际标准产业分类（ISIC）的派生分类。所谓派生分类，是指NACE完全以ISIC为基础建立，对一些细类根据欧共体特点细分重组。NACE是欧洲共同体的官方统计机构，为欧盟提供高质量的统计信息。它的统计产品和服务对欧洲商业团体、专业机构、学术机构、图书馆机构、非政府组织、媒体和民众都有很大价值。作为ISIC的派生分类，NACE采用了ISIC的分类结构和种类，在此基础上提供了更多细节信息。NACE/Rev. 2的最高级与次高级类别——门类与大类，与ISIC/Rev. 4保持完全一致，而在中类和小类方面，NACE/Rev. 2为了迎合欧洲的需要将进一步细分。

第二节　我国装备制造业的发展现状

装备制造业是基础性、战略性产业，作为国民经济的重要支撑，影响着一国的经济增长以及在国际分工体系中的位置。全球众多工业发达国家纷纷出台相关政策，重视与推动装备制造业的产业发展。历经多年发展，我国的装备制造业已经形成门类齐全的装备制造业体系，实现了装备制造业总量及规模的突破，而且在产业结构、对外经济形势上得到了积极改善。然而，与全球工业发达国家相比，我国装备制造业内在发展问题逐步显现：产业大而不强，自主创新能力弱，基础制造水平落后，产能利用水平较低，等等。因此，分析我国装备制造业的发展现状，对于全面了解中国装备制造业在全球竞争中的位势，进一步推动我国装备制造业的转型升级具有重要意义。本节通过对中国装备制造业在产业规模、产业结构、技术创新、对外经济和产能利用等方面发展数据开展描述性分析，说明我国装备制造业的发展现状。

一、产业规模分析

（一）资产总额

2016—2020 年，我国装备制造业的产业资产规模逐年稳步增长。2016 年，我国装备制造业的资产规模为 227916.06 亿元，到了 2020 年，我国装备制造业资产规模数额已经达到 457145.39 亿元，5 年之内资产增幅高达一倍之多，如图 3-1 所示。中国装备制造业资产总额的年均增长率与我国 GDP 的增长率几乎保持同步变化，充分表明我国装备制造业在工业现代化过程中的作用日渐加强，已经成为国民经济日渐重要的增长点。

■ 装备制造业资产总额（单位：亿元）

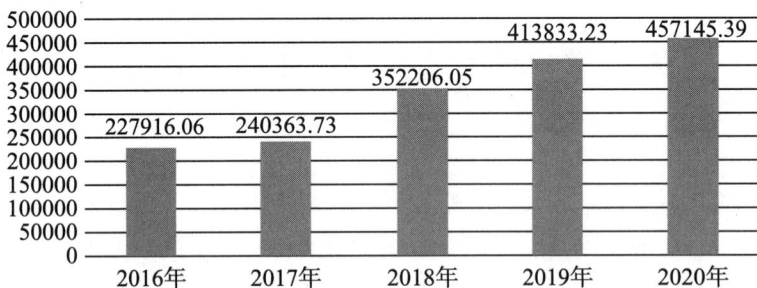

图 3-1　2016—2020 年我国装备制造业资产规模统计图

从细分行业来看，2020 年我国的计算机、通信和其他电子设备制造业的行业门类资产总额为 129821.05 亿元，资产增幅接近 15%，汽车制造业的资产总额达到 84079.75 亿元，拉动了装备制造业总体资产规模增长，如表 3-2 所示。数据显示，目前中国装备制造业的快速发展得益于近年来我国计算机、通信和其他电子设备产业的竞争力增强以及"一带一路"的发展机遇。

表 3-2　2020 年我国装备制造业分行业资产规模分析表

行业	2019 年资产总额/亿元	2020 年资产总额/亿元	增长率
金属制品业	29960.13	32971.57	10.05%

行业	2019年资产总额/亿元	2020年资产总额/亿元	增长率
铁路通用设备制造业	45010.69	48383.29	7.49%
专用设备制造业	41350.41	47463.16	14.78%
汽车制造业	80788.33	84079.75	4.07%
铁路、船舶、航空航天和其他运输设备制造业	23740.33	25699.37	8.25%
电气机械和其他电子设备制造业	69800.23	77118.99	10.49%
计算机、通信和其他电子设备制造业	112957.94	129821.05	14.93%
仪器仪表制造业	10225.17	11608.21	13.53%
装备制造业（总计）	413833.23	457145.39	10.47%

数据来源：《中国工业统计年鉴（2020）》，《中国科技统计年鉴》。

（二）营业收入

从营业收入来看，2016—2020年，我国装备制造业的营业收入规模平缓增长。2016年，我国装备制造业的营业收入为261925.81亿元；到了2020年，我国装备制造业已实现营业收入412572.6亿元，增长57.51%，如图3-2所示。

■装备制造业营业收入总额（单位：亿元）

图3-2 2016—2020年我国装备制造业营业收入规模统计图

从细分行业来看，2020 年我国装备制造业的所有行业门类营业收入增长最快的是专用设备制造业，营业收入增长率为 12.07%，显现了装备制造业在我国工业领域中的核心地位。

此外，计算机、通信和其他电子设备制造业在营业收入上的增速也超过了 10%，带动了我国装备制造业总体营业收入的增长，如表 3-3 所示。

表 3-3 2020 年我国装备制造业分行业营业收入分析表

行业	2019 年营业收入/亿元	2020 年营业收入/亿元	增长率
金属制品业	36534.98	39034.35	6.84%
铁路通用设备制造业	39519.99	41166.75	4.17%
专用设备制造业	30205.97	33853.37	12.07%
汽车制造业	80418.07	81703.92	1.60%
铁路、船舶、航空航天和其他运输设备制造业	14763.54	15511.30	5.06%
电气机械和其他电子设备制造业	64923.34	69306.55	6.75%
计算机、通信和其他电子设备制造业	111872.90	123807.96	10.67%
仪器仪表制造业	7619.19	8188.40	7.47%
装备制造业（总计）	385857.98	412572.6	6.92%

数据来源：中国工业统计年鉴（2021），中国科技统计年鉴。

（三）营业成本

从营业成本来看，2016—2020 年，我国装备制造业的营业成本增速有所回落。2016 年，我国装备制造业营业成本的总额为 222534.26 亿元；到了 2020 年，我国装备制造业共计营业成本 346687.47 亿元，增长率为 55.8%，如图 3-3 所示。

从细分行业来看，2020 年我国专用设备制造业以及计算机、通信和其他电子设备制造业由于资产规模增速较快，导致营业成本增长率比起上年均超过了 10%，如表 3-4 所示。

■装备制造业营业成本总额（单位：亿元）

图 3−3　2016—2020 年我国装备制造业营业成本规模统计图

表 3−4　2020 年我国装备制造业分行业营业成本分析表

行业	2019 年营业成本/亿元	2020 年营业成本/亿元	增长率
金属制品业	31621.59	33895.05	7.19％
铁路通用设备制造业	32297.46	33434.20	3.52％
专用设备制造业	23725.86	26321.60	10.94％
汽车制造业	67560.50	68711.20	1.70％
铁路、船舶、航空航天和其他运输设备制造业	12491.93	13137.65	5.17％
电气机械和其他电子设备制造业	54172.67	58096.38	7.24％
计算机、通信和其他电子设备制造业	96744.70	107000.35	10.60％
仪器仪表制造业	5721.24	6091.04	6.46％
装备制造业（总计）	324335.95	346687.47	6.89％

数据来源：中国工业统计年鉴（2021），中国科技统计年鉴。

（四）利润分析

2016—2020 年，我国装备制造业的营业利润增速稳步提升。2016 年，我国装备制造业实现的利润总额为 17881.32 亿元；到了 2020 年，我国装备制造业实现利润总额 25140.46 亿元，增长 41％，如图 3−4 所示。

■装备制造业利润总额（单位：亿元）

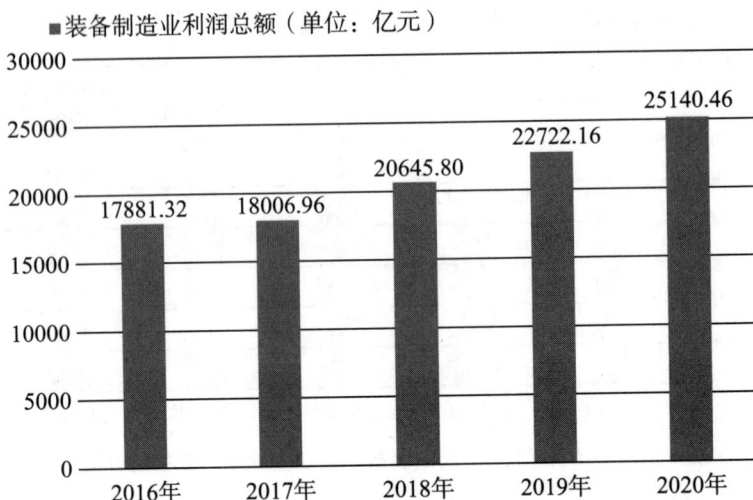

图 3-4 2016—2020 年我国装备制造业利润规模统计图

从细分行业来看，2020 年我国装备制造业所有行业分类中利润增长最快的行业是专用设备制造业，其产业利润增长率已接近 30%，为我国国民经济发展提供主要技术设备的专用设备制造业的高利润增长率反映了我国工业行业的规模提升。另外，传统的计算机、通信和其他电子设备制造业以及新兴的仪器仪表制造业两大行业门类的利润增长率也分别超过了 15%，拉动了装备制造业整体利润。值得注意的是，汽车制造业在 2020 年度的利润总额统计上出现了负增长，如表 3-5 所示。

表 3-5 2020 年我国装备制造业分行业利润分析表

行业	2019 年利润总额/亿元	2020 年利润总额/亿元	增长率
金属制品业	1785.97	1881.71	5.36%
铁路通用设备制造业	2649.04	2963.36	11.87%
专用设备制造业	2323.73	2999.24	29.07%
汽车制造业	5099.89	5062.89	-0.73%
铁路、船舶、航空航天和其他运输设备制造业	791.70	817.37	3.24%
电气机械和其他电子设备制造业	3943.44	4275.53	8.42%
计算机、通信和其他电子设备制造业	5373.63	6252.94	16.36%

行业	2019年利润总额/亿元	2020年利润总额/亿元	增长率
仪器仪表制造业	754.76	887.42	17.58%
装备制造业（总计）	22722.16	25140.46	10.64%

数据来源：中国工业统计年鉴（2021），中国科技统计年鉴。

二、产业结构分析

（一）产值结构相对稳定

2020年，我国装备制造业总体资产规模实现稳步提升，从细分产业门类上来看，各行业门类资产规模均实现增长。资产规模较大的5个行业主要是：计算机、通信和其他电子设备制造业，汽车制造业，电气机械和其他电子设备制造业，通用设备制造业以及专用设备制造业（如图3-5所示）。资产增速方面，计算机、通信和其他电子设备制造业，专用设备制造业，仪器仪表制造业，电气机械和其他电子设备制造业以及金属制品业的增速均在10%以上。

从资产结构占比可以看出，目前中国装备制造业产业规模的增加值主要来源产业为高技术行业中的计算机、通信和其他电子设备制造业。这也是近十年来，我国依靠全球科技信息网络的蓬勃发展，特别是在国家规划和相关政策的极力支持下，使计算机、通信和其他电子设备制造业的资产规模得到了稳步提升。但是我国目前在全球计算机、通信和其他电子设备制造业这类高技术工业产业中承担的主要角色仍然为加工、装配。因此，随着我国人口红利的消退、劳动力资源的匮乏，计算机、通信等行业对我国装备制造业增加值的贡献度也会有所降低。另外，从资产占比结构分析上来看，我国装备制造业的其余子行业，如仪器仪表制造业、金属制品业的产值则保持相对稳定。

2.54%　7.21%

10.58%

28.41%

10.38%

18.39%

16.87%

5.62%

- ▨ 金属制品业
- ▨ 铁路通用设备制造业
- ■ 专用设备制造业
- ■ 汽车制造业
- ▥ 铁路、船舶、航空航天和其他运输设备制造业
- ▨ 电气机械和其他电子设备制造业
- ▤ 计算机、通信和其他电子设备制造业
- ■ 仪器仪表制造业

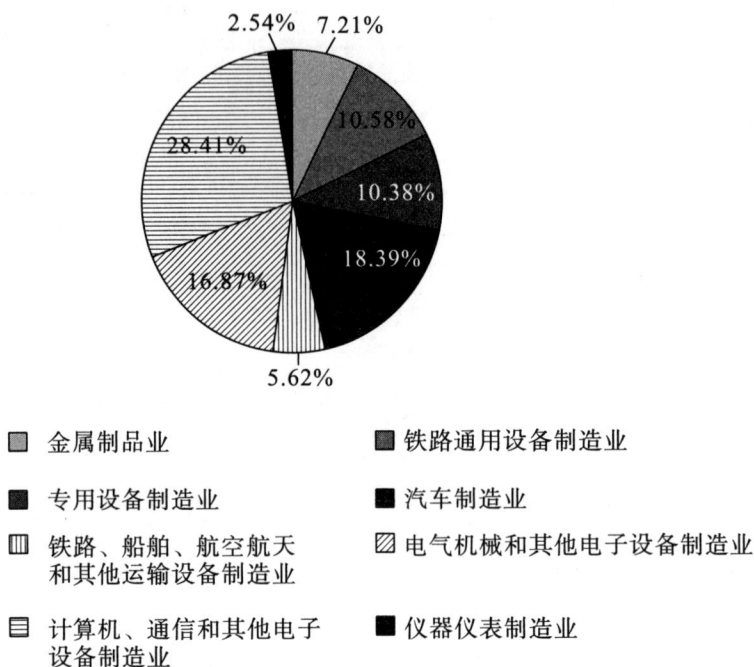

图 3—5　2020 年我国装备制造业分行业资产结构占比图

（二）各行业成本与收入基本持平

2020 年，我国装备制造业的主营业务成本增速有所放缓，年度营业成本增速与营业收入增速持平，营业收入增速为 6.92％，基本覆盖营业成本 6.89％的增速。从营业成本总额看，计算机、通信和其他电子设备制造业，汽车制造业，电气机械和其他电子设备制造业三大产业门类的营业成本额排名前三，三个产业门类的营业成本总额占整个装备制造业的67.44％，特别是计算机、通信和其他电子设备制造业在 2020 年度的营业成本超过 10 万亿元。另外，从营业成本的增速上看，计算机、通信和其他电子设备制造业，专用设备制造业，电气机械和其他电子设备制造业的营业成本增长率排名前三，如表 3—6 所示。

表 3-6　2020 年我国装备制造业分行业成本、收入配比表

行业	营业成本/亿元	营业成本增长率	营业收入/亿元	营业收入增长率
金属制品业	33895.05	7.19%	39034.35	6.84%
铁路通用设备制造业	33434.20	3.52%	41166.75	4.17%
专用设备制造业	26321.60	10.94%	33853.37	12.07%
汽车制造业	68711.20	1.70%	81703.92	1.60%
铁路、船舶、航空航天和其他运输设备制造业	13137.65	5.17%	15511.30	5.06%
电气机械和其他电子设备制造业	58096.38	7.24%	69306.55	6.75%
计算机、通信和其他电子设备制造业	107000.35	10.60%	123807.96	10.67%
仪器仪表制造业	6091.04	6.46%	8188.40	7.47%
装备制造业（总计）	346687.47	6.89%	412572.60	6.92%

数据来源：中国工业统计年鉴（2021），中国科技统计年鉴。

（三）各行业利润水平差异明显

2020 年，我国装备制造业利润总额实现小幅增长，但各行业门类利润水平差异较明显。从利润总额来看，装备制造业的八大行业门类均保持盈利。其中，计算机、通信和其他电子设备制造业，汽车制造业以及电气机械和其他电子设备制造业在利润创造上排名前三，三个行业门类所实现的利润总额占装备制造业整体行业利润总额的 62%，如图 3-6 所示。从利润实现的增速上看，装备制造业的其他产业门类均实现了利润增长，只有汽车制造业利润增长率同比下降了 0.73%，尽管汽车制造业 2020 年的营业收入实现了同比增长，但因营业成本的增长速度过快，汽车制造产业的利润出现了负增长。另外，专用设备制造业的利润涨幅最为迅速，以接近 30% 的利润增长率排名装备制造业各行业门类中的第一。计算机、通信和其他电子设备制造业，仪器仪表制造业以及铁路通用设备制造业这三个行业门类的利润增长率也分别超过了 10%。

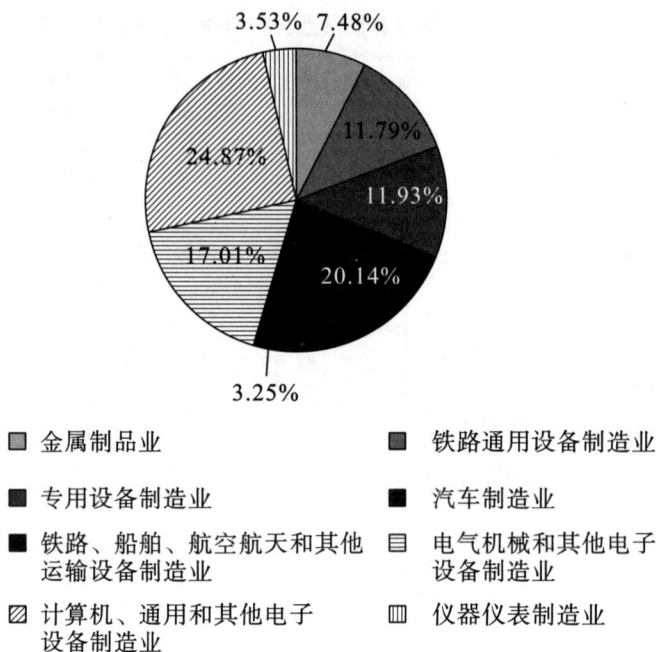

图 3-6 2020 **年我国装备制造业分行业利润结构占比图**

图例：
- 金属制品业
- 铁路通用设备制造业
- 专用设备制造业
- 汽车制造业
- 铁路、船舶、航空航天和其他运输设备制造业
- 电气机械和其他电子设备制造业
- 计算机、通用和其他电子设备制造业
- 仪器仪表制造业

三、技术创新分析

2020 年，我国研究与试验发展（R&D）经费投入继续保持较快增长，投入强度持续提升，但受疫情等因素影响，投入增速有所回落，国家财政科技支出比上一年度有所下降。全国共投入研究与试验发展（R&D）经费 24393.1 亿元，比上年增加 2249.5 亿元，增长 10.2%，增速比上年回落 2.3 个百分点；研究与试验发展（R&D）经费投入强度（与国内生产总值之比）为 2.40%，比上年提高 0.16 个百分点。分产业部门看，装备制造业研究与试验发展（R&D）经费 9130.3 亿元，投入强度为 2.22%，比上年提高 0.15 个百分点。[①]

---

① 数据来源：中国科技统计网站。

（一）研发经费内部支出整体趋增

1. 研发经费内部支出总额实现稳步增长

2020年，我国装备制造业R&D经费内部支出总额为8507.21亿元，同比增长9.02%，增速较2019年提高0.69个百分点。从细分行业来看，在R&D经费内部支出增速方面，增速最快的行业为仪器仪表制造业，同比增长了13.21%，汽车制造业的R&D经费内部支出增速行业排名第二，同比增长超过了11%；在R&D经费内部支出绝对值方面，经费内部支出金额最高的行业为计算机、通信和其他电子设备制造业，经费内部支出额已超过2000亿元。

2. 主要的研发经费内部支出仍然是日常性支出

从支出总额来看，2020年我国装备制造业的日常性支出为7782.08亿元，占研发经费内部支出的91.48%，占比提高0.94个百分点；而资产性支出金额为725.13亿元，占研发经费内部支出的8.52%，占比下降0.94个百分点。从细分行业来看，在支出增速方面，电气机械和其他电子设备制造业的日常性支出增幅最大，同比增长13.53%；而汽车制造业的资产性支出增幅最大，同比增长12.41%；另外，金属制品业的日常性支出和总计的经费内部支出一样，呈现的降幅最大，同比减少18.28%，如表3-7所示。

表3-7 2020年装备制造业研发经费内部支出情况

行业	日常性支出		资产性支出		经费内部支出	
	金额/亿元	增速/%	金额/亿元	增速/%	金额/亿元	增速/%
金属制品业	17.77	−18.28	1.73	−13.06	19.50	−17.84
铁路通用设备制造业	836.16	6.17	90.49	−7.41	926.66	4.67
专用设备制造业	776.94	12.22	70.10	−6.72	847.04	10.36
汽车制造业	1403.04	10.90	145.63	12.41	1548.67	11.04
铁路、船舶、航空航天和其他运输设备制造业	528.90	−5.97	41.37	−15.11	570.27	−6.70
电气机械和其他电子设备制造业	1509.69	13.53	142.48	4.55	1652.16	12.70

行业	日常性支出		资产性支出		经费内部支出	
	金额/亿元	增速/%	金额/亿元	增速/%	金额/亿元	增速/%
计算机、通信和其他电子设备制造业	2453.17	10.81	210.17	8.12	2663.34	10.59
仪器仪表制造业	256.41	13.33	23.17	11.92	279.57	13.21
装备制造业（总计）	7782.08	—	725.13	—	8507.21	—

数据来源：中国科技统计网站。

我国装备制造业R&D内部经费投入虽逐年增加，但与全球工业发达国家相比仍处在末游水平，存在一定差距。研发经费投入强度过低是制约中国装备制造业国际竞争力提升和促进行业技术进步的主要因素。总体来看，我国在参与国际垂直分工的背景下，以全球价值链中蕴含的技术扩散为契机，应大量引进国外的先进技术与设备，实现我国装备制造业R&D内部经费投入的增加。

（二）研发经费外部支出加速增长

1. 研发经费外部支出总额实现增长

2020年，我国装备制造业R&D经费外部支出总额为623.09亿元，同比增长13.84%。从细分行业来看，外部研发经费支出总额最高的行业为计算机、通信和其他电子设备制造业，支出额为229.91亿元；外部研发经费支出增速最快的行业为专用设备制造业，较2019年增长49.51%，汽车制造业的外部经费支出增速排列第二，较上一年相比增长27.25%。相反，金属制品业和铁路通用设备制造业在外部研发经费的增速上与上一年相比均有所下降，特别是金属制品业2020年的研发经费外部支出降幅接近50%。

2. 各行业科研支出需求差异明显

据数据统计，我国装备制造业的不同行业对国内研究机构和高校支出开发需求差异表现较明显。2020年，装备制造业总体对国内研究机构和高校的支出为214.95亿元。从支出方向看，计算机、通信和其他电子设备制造业对国内研究机构和高校支出金额为117.33亿元。而传统的金属制品业对国内研究机构和高校的支出金额仅为0.42亿元，详见表3—8。

表 3-8 2020 年装备制造业研究与试验发展（R&D）研发经费外部支出情况

行业	R&D 研发经费外部支出总额/亿元	增速/%	对国内研究机构和高校支出金额/亿元	增速/%
金属制品业	0.74	−48.67	0.42	17.48
铁路通用设备制造业	36.12	−11.14	7.73	−41.63
专用设备制造业	21.34	49.51	6.79	10.27
汽车制造业	171.37	27.25	32.80	−11.08
铁路、船舶、航空航天和其他运输设备制造业	96.08	3.71	31.03	−3.94
电气机械和其他电子设备制造业	55.05	11.66	16.75	−2.03
计算机、通信和其他电子设备制造业	229.91	13.27	117.33	−3.12
仪器仪表制造业	12.46	9.48	2.10	−21.79
装备制造业（总计）	623.09	—	214.95	—

数据来源：中国科技统计网站。

我国装备制造业在 R&D 的外部投入规模上仍然与发达国家存在一定差距，特别是在政府支出方面。而且，相比主要发达国家装备制造业中来自高等教育部门的 R&D 人员的高比例维持，我国装备制造业中来自高等教育部门的 R&D 人员虽然投入总量持续上升，但比例不足 10%，明显滞后于主要发达国家。可见，优化中国装备制造业的 R&D 人员投入结构，提升装备制造业的产学研结合水平，是驱动我国装备制造业 R&D 产出的主要路径。

（三）新产品开发数量有所增加

2020 年，规模以上装备制造业企业新产品开发项目总数达 25.98 万项，同比增加 22.11%；新产品开发经费总支出为 8003.36 亿元，同比增长 14.37%；新产品实现对外出口总额 26778.64 亿元，同比增长 7.39%。行业间新产品开发生产规模差别较大。从细分行业来看，计算机、通信和其他电子设备制造业在新产品开发经费和出口创收方面的总额均为最多，分别为 2697.02 亿元和 17543.53 亿元；而金属制品业在新产品开发项目数、经费支出和出口额方面均为最低。从新产品开发增速上来看，2020年装备制造各细分行业新产品开发项目数均呈现两位数上升趋势，详见表3—9。

表3—9　2020年装备制造企业新产品开发与生产情况

行业	新产品开发项目		新产品开发经费	
	数量/万项	增速/%	支出/亿元	增速/%
金属制品业	0.07	21.53	15.80	−14.23
铁路通用设备制造业	4.42	18.53	792.50	8.75
专用设备制造业	3.98	24.95	759.95	21.35
汽车制造业	3.48	18.35	1461.38	15.41
铁路、船舶、航空航天和其他运输设备制造业	1.21	14.87	509.49	4.52
电气机械和其他电子设备制造业	5.86	22.17	1501.72	15.51
计算机、通信和其他电子设备制造业	5.42	28.83	2697.02	14.79
仪器仪表制造业	1.54	17.87	265.50	20.17
装备制造业（总计）	25.98	—	8003.36	—

数据来源：中国科技统计网站。

我国正通过文件政策有意识地推动提升装备制造业的科技创新水平。近年来，我国装备制造业各细分行业的R&D投入在销售收入中的比重虽上升缓慢，但始终保持上升态势。据国内外研究统计，发达国家制造企业的研发费用在销售收入中的比例一般为4%～10%，中国装备制造业各子行业的R&D投入占比大部分还处于2%以内。中国装备制造业的产业规模虽然数倍于其他工业发达国家，但其所售产品的科技含量目前仍然明显落后于发达国家。

四、对外经济分析

（一）装备制造业对外贸易规模庞大

近些年来，全球经济正经历垂直专业化的蓬勃发展，我国装备制造业参与全球化生产的程度明显高于其他制造业部门，已成为全球价值链中总量最大的参与者。以机械工业[①]为例，2020 年由于全球疫情及国际经济贸易形势严峻而复杂，机械工业本年度外贸进出口总额年底实现同比由负转正。2020 年，机械工业累计实现进出口总额 7847 亿美元，同比增长 1.54％，其中进口 3177 亿美元，同比增长 0.88％，出口 4670 亿美元，同比增长 1.99％。全年机械工业累计实现贸易顺差 1494 亿美元，较上年增加 61 亿美元，贸易顺差的增长在一定程度上反映出我国机械产品的国际市场竞争力的提升。

（二）外商对装备制造业投资力度不减

1. 装备制造业利用外资快速增长

"十三五"时期，我国新设外商投资企业 203618 家，较"十二五"时期增长 61.8％，年均增长 7.7％；实际使用外资金额 6989 亿美元，较"十二五"时期增长 10.4％，年均增长 2％，如图 3-7 所示。2020 年，我国实际使用外资金额在全球 FDI 大幅下降的情况下，实现了逆势增长，实际使用外资规模再创历史新高，达到 1493.4 亿美元（合计 9999.8 亿元人民币），同比增长 5.7％，实现了引资总量、增长幅度、全球占比"三提升"。

---

① 机械工业主要涉及 5 个国民经济行业：电气机械和其他电子设备制造业、汽车制造业、专用设备制造业、通用设备制造业、仪器仪表制造业。

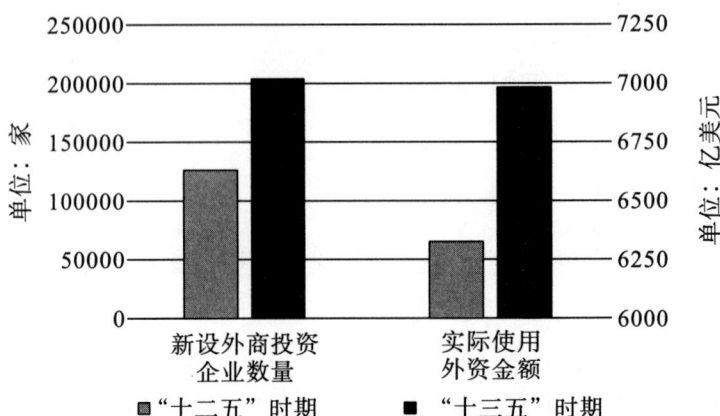

图 3-7 "十二五"和"十三五"时期中国吸收外资情况对比

从细分行业来看，2020年外商投资主要集中在制造业，租赁和商务服务业，房地产业，科学研究和技术服务业，信息传输、软件和信息技术服务业，批发和零售业，金融业。上述7个行业的实际使用外资金额超过9000亿元人民币，达到占比90.8％。其中，高技术制造业实际使用外资金额为103亿美元，实现占比为6.9％，外资利用呈现进一步优化。

2. 各子行业外商投资企业个数大幅增长

2020年，我国装备制造业外商投资企业个数总计为20564个，较上一年度大幅增长。按行业细分，其中计算机、通信和其他电子设备制造业的外商投资企业个数最多，达到4486个，实现占比21.81％，这也充分显示了我国计算机、通信和其他电子设备制造业在全球装备制造业中的竞争位势。此外，我国的通用设备制造业的外商投资企业个数达到3380个，排名第二。汽车制造业及电气机械和其他电子设备制造业各以超过15％占比的外商投资企业个数排名其后（表3-10）。

表 3-10 2020 年装备制造各子行业外商投资企业个数及占比统计表

行业	外商投资企业数/家	外商投资企业数占比
金属制品业	2485	12.08％
铁路通用设备制造业	3380	16.44％
专用设备制造业	2493	12.12％
汽车制造业	3174	15.43％

行业	外商投资企业数/家	外商投资企业数占比
铁路、船舶、航空航天和其他运输设备制造业	533	2.59%
电气机械和其他电子设备制造业	3215	15.63%
计算机、通信和其他电子设备制造业	4486	21.81%
仪器仪表制造业	798	3.88%
装备制造业（总计）	20564	—

数据来源：《中国海关统计年鉴（2020）》。

（三）装备制造业进出口结构相对稳定

（1）出口方面：目前，我国装备制造业的出口结构相对稳定，除计算机、通信和其他电子设备制造业外，其他各子行业的出口占比并无显著波动。经济全球化的大背景下，我国通过积极参与国际分工，承担了大量的计算机、电子设备的装配和加工工作，特别是在前期发展阶段，得益于我国快速增长的人口红利，我国的计算机、通信和其他电子设备制造业出口额快速增长，在装备制造业整体的出口规模中始终保持着绝对优势。另外，在我国计算机、通信和电子设备制造业领域逐渐涌现了一批极具国际竞争力的民营企业，依靠自身的技术与价格优势占据了广阔的海外市场，其中表现最为突出的手机厂商占据了30多个国家超过15%的市场份额。

2020年，我国手机出口1254.5亿美元，同比增长0.9%，保持单一商品出口额首位，占我国货物出口总额的4.8%。此外，电气机械和其他电子设备制造业的出口额整体处于第二位。与之相反的是，金属制品业的进出口占比是装备制造业领域中最低的行业，没有显著的存量或增量优势。

（2）进口方面：我国装备制造业各子行业的进口结构中，电气机械和其他电子设备制造业的进口额整体一直呈现上升趋势。究其原因，电气机械和其他电子设备制造业的技术密集度较高，我国在全球始终处于该行业的价值链低端，缺乏行业核心技术，高端产品仍然无法实现自主生产，需要依赖进口重要配件。与电气机械和其他电子设备制造业的进口额上升趋势相反的是，我国通用设备制造业和专用设备制造业的进口额比例呈现下降趋势。这一变动的原因是近年来我国通用设备制造业和专用设备制造业自主生产的产品种类较为齐全，生产技术逐渐成熟，对外进口的依赖度较低。

五、产能利用分析

近年来，我国装备制造业的产销率整体呈现上升态势，各行业的产能利用水平不断提升，库存量逐步减少，行业的产能过剩现象得以改进。从细分行业来看，装备制造业中产销率上升最快的子行业是铁路、船舶、航空航天和其他运输设备制造业，这得益于该行业国内、国际都较为旺盛的设备需求。对内，我国政府对运输设备制造业的政策支持以及国内高铁网络的组建，对外，推行"一带一路"的国际产能合作路线，拉动我国运输设备的出口。另外，从产销率的绝对值来看，计算机、通信和其他电子设备制造业，专用设备制造业，通用设备制造业得益于外商资本方面取得的发展成就，开放程度较高，产销率较高。与之相反的是，电气机械和其他电子设备制造业及仪器仪表制造业由于存在低端产品严重过剩的问题，产销率处于装备制造业的下游水平。而传统的金属制品业近年来表现则相对平稳，且呈现稳中有升的态势。

六、能源消耗分析

能源消耗水平是一国装备制造业先进与否的重要衡量。中国的装备制造业增长通常伴随着高能耗，因此在发展我国装备制造业的同时注重行业的能耗使用、提高资源使用效率具有重要意义。与我国工业部分的其他行业相比，装备制造业整体能源消耗水平在工业各行业中相对较低，这与近年来我国装备制造业转型升级密切相关。同时，装备制造业以高新技术或新兴产业为主，相比石油、化工、煤炭等传统行业耗能较少。从细分行业来看，装备制造业的各子行业中仪器仪表制造业，铁路、船舶、航空航天和其他运输设备制造业，通用设备制造业，专用设备制造业，电气机械和其他电子设备制造业，以及计算机、通信和其他电子设备制造业均属于低排放低能耗产业，而金属制品业则归于高能耗高排放产业。从能源消耗的绝对值来看，计算机、通信和其他电子设备制造业的能源消耗水平最低。从能源消耗速度来看，通用设备制造业和专用设备制造业的能耗消费由于

"去产能、调结构"的措施推动卓有成效，是整体装备制造业中能源消耗降速最快的两个子行业。

近年来，我国的装备制造业在能源利用效率上取得了非常突出的成绩，能源消耗水平有了显著提升。但与世界发达工业国家相比，我国装备制造业的能源利用水平还有相当大的提升空间。数据显示，我国装备制造业的能源利用效率相当于世界平均收入、高收入、中等收入国家的 67％、55％、82％，只有美国的 62％、日本的 46％。[①] 我国目前仍处于工业化加速推进阶段，能源利用效率水平提升之路还很漫长。

第三节　我国装备制造业的 SWOT 分析

SWOT 分析法，又称态势分析法，20 世纪 80 年代初由美国旧金山大学管理学教授韦里克（Weihfich）提出，常被用于企业制定战略、分析竞争对手等场合。SWOT 分析法的四个英文字母分别代表优势（Strength）、劣势（Weakness）、机会（Opportunity）和威胁（Threat）。该方法将一个企业组织所面临的内外部条件、环境进行综合和概括，内部条件因素包括优势和劣势因素（SW），外部环境因素包括机会和威胁因素（OT）。内部条件的优势和劣势分析主要着眼于企业自身的实力及其与竞争对手的比较，外部环境的机会和威胁分析主要将其注意力放在外部环境的变化和对企业的可能影响上。SWOT 分析法是基于一家企业的优势、劣势、机会和威胁的综合分析，在开展分析时，把所有的内部条件（优、劣势）集中在一起，然后用外部环境对这些条件进行评估。

一、我国装备制造业的优势

（一）政府制度优势

经过 40 余年的改革开放努力，我国市场经济建设已经基本形成，成

① 数据来源：中国能源统计年鉴。

为社会资源配置的主要方式。我国强有力的政府将工作重心转移到经济层面，制定政策制度、推进实施的制度决策更加尊重市场经济规律，有效地降低了我国经济发展的制度成本，充分发挥了我国政府的制度优势。装备制造业是为国民经济发展和国防建设提供技术装备的基础性产业。大力振兴装备制造业是树立和落实科学发展观，实现我国国民经济可持续发展的战略举措。中国高端装备制造产业的发展正处于起步阶段。近十年来，国家制定一系列的规划、行动计划或者具体的政策措施来推动重点行业和领域的发展，加快建设制造强国（表 3-11）。2020 年 5 月，2020 年《政府工作报告》提出要推动制造业升级和新兴产业发展，提高科技创新支撑能力。

表 3-11　中国装备制造业相关政策汇总

发布日期	发文机构	政策名称	政策内容
2022.12	工信部、发改委等八部门联合发布	《"十四五"智能制造发展规划》	紧扣智能特征，以工艺、装备为核心，以数据为基础，依托制造单元、车间、工厂、供应链等载体，构建智能制造系统，推动制造业实现数字化转型
2021.12	工信部	《国家智能制造标准体系建设指南（2021 年版）》	围绕促进产业基础高级化、产业链现代化，体现数字转型、智能升级、融合创新等内容，加强 5G、区块链等新技术的融合应用
2020.5	国务院	2020 年《政府工作报告》	推动制造业升级和新兴产业发展，提高科技创新支撑能力。加强新型基础设施建设，发展新一代信息网络，拓展 5G 应用等
2020.1	财政部	《重大技术装备进口税收政策管理办法》	对符合规定条件的企业及核电项目为主生产国家支持发展的重大技术装备或产品而确有必要进口的部分关键零部件和原材料，免征关税和进口环节增值税
2019.11	发改委	《关于推动先进制造业和现代服务业深度融合发展的实施意见》	深化制造业、服务业和互联网的融合发展，大力发展"互联网＋"，营造融合发展新生态
2019.3	税务局	《关于做好 2019 年深化增值税改革工作的通知》	制造业的行业增值税税率由 16％将至 13％

发布日期	发文机构	政策名称	政策内容
2018.11	国家统计局	《战略性新兴产业分类（2018）》	将装备制造产业中的智能制造设备、集成电路制造中的半导体器件专用设备制造列为战略性产业

在地方，多地也纷纷出台一批优惠力度更大的制度政策推动装备制造业的发展。2020 年 4 月，《上海市经济信息化委关于开展 2020 年度上海市高端智能装备首台突破专项申报工作的通知》指出对首台突破项目，采取无偿资助方式，每个项目支持比例不超过首台装备销售合同金额的30%。对被评为国际首台装备项目，按合同金额的 20%～30%比例进行支持；对被评为国内首台装备项目，按合同金额的 10%比例进行支持。2021 年 8 月，《北京市"新智造 100"工程实施方案（2021—2025)》指出，"十四五"期间北京市将从"做强北京制造产业群体、加快五个突破、构建一个全新格局"三方面促进"北京智造"高质量发展。2022 年 3 月，《广州市现代高端装备产业链高质量发展三年行动计划》提出到 2024 年，将广州市打造成全国高端数控机床、智能装备、船舶及海工装备、航空航天及卫星应用等高端装备制造的重要基地，形成产业完善、自主创新能力突出的高端装备产业集群。除北京、上海、广东等发达地区出台相关装备制造产业政策之外，河南、云南、西安等地也出台相关政策方案，蓄势打造万亿级先进制造业，并重点面向新一代信息技术、新能源、航空制造等领域培育新兴产业集群。2020 年 8 月，河南印发《推动制造业高质量发展实施方案》，明确努力建成全国先进制造业强省，到 2025 年，产业基础能力和产业链现代化水平达到国内一流，形成数个万亿级产业集群、一批千亿级新兴产业集群和百亿级企业。

（二）产业集群优势

产业集群是特定产业中互有联系的企业或机构为了创造竞争优势而聚集在特定地理位置的一种产业组织形式，包括一系列产业的上下游及其辅助企业，向上可延伸到原材料的供应企业，向下可延伸到消费市场，还包括政府和提供产业信息、技术支持的研究机构。在产业集群内部，随着相关企业和机构集聚数量的不断增加扩大了产业规模，使得上下游及其辅助企业的专业化分工产业链得以形成。专业化分工程度越细，每个环节上相关企业生产效率的提高，越能够带来产业集群区域内整体产业生产效率的提高。装备制造业的产品特性和技术特性决定了单个企业或者机构完成所有生产环节的不经济性，使得专业化分工的生产方式显得尤为重要。装备制造业形成的产业集群区域内通过形成高度细化的专业化分工，关联整个产业的上下游及其辅助企业，组成完整的专业化生产系统，从而提高集群内部装备制造业的整体产业生产效率，形成整体产业的集群优势。

1. 五大装备制造业集群

根据装备制造业产业聚集和城市群分布特点的相关研究，我国装备制造业已形成五大装备制造业集群区域：长三角装备制造业集群区、珠三角装备制造业集群区、中西部装备制造业集群区、环渤海装备制造业集群区和东北装备制造业集群区。

（1）长三角装备制造业集群区。长三角地区是国内重要的高端装备研发、设计和制造基地。作为我国经济规模最大的城市群，长三角城市群目前共包括上海一市加江苏、浙江、安徽三省全境，城市群成员数量达到了41座。2020年长三角城市群总GDP达到24.47万亿元，远超粤港澳大湾区和京津冀地区。其中，上海市已形成全国最大的机器人产业集聚区。江苏省以轨道交通装备、海洋工程装备、航空装备和卫星应用产业为主。浙江省高档数控机床产业特色优势鲜明，金属切削机床行业产量位居全国第一。

（2）珠三角装备制造业集群区。珠三角地区是我国改革开放的前沿阵地，具备良好的经济基础和丰富的人才资源储备，主要以外向型经济为主。该装备制造业产业集聚区以研发和生产智能机器人、海洋工程和航空服务为主，主要分布在广州、深圳、珠海。其中，广州是全国最大的大中型集装箱船和特种船建造基地。珠海航空产业园区由珠海机场建设，是广东省发展通用航空制造、维修、运营服务产业的唯一载体。深圳正着力打造华南数控系统技术研发中心，发展工业机器人和机械手的研发和生产。

（3）中西部地区装备制造业集群区。中西部地区的装备制造业主要集中在成都、西安、长沙、重庆等重要城市，逐步形成了航空、汽车、轨道交通等产业集聚区。作为我国重要的装备制造产业基地，成都构建了重点优势产业集群。其中，成都拥有众多的航空科研院所和航空制造企业，航空航天实力位列全国前三；轨道交通技术研发实力排名全国第二，是国内轨道交通技术标准的领跑者和制定者；汽车产业进入全国汽车产业集群前列，产能突破 200 万辆，已形成完整的整车产品体系和完善的零部件配套体系。

（4）环渤海装备制造业集群区。环渤海装备制造业集群区是我国重要的装备产业研发、设计和制造基地。其中，天津市装备制造业以海工装备、高档数控机床、高技术船舶、电力设备、轨道交通装备和机器人为重点，积极迈向高端发展。作为全国唯一拥有全部 41 个工业大类的省份，山东省装备制造业门类齐全，产品种类丰富，多个子行业产业规模居全国前列。2021 年，山东全省规模以上装备制造业企业 9688 家，实现营业收入 2.4 万亿元，其中高端装备制造业营业收入达到 1 万亿元，高端装备制造业增加值占装备工业比重达 46.4%。山东装备制造业产业规模居全国第 4 位，已成为我国建设"现代装备制造业大国"的重要力量。

（5）东北装备制造业集群区。东北地区是我国装备制造业发展的摇篮，机械工业产业集群特色鲜明，如辽宁的机械加工产业集群、吉林的汽车工业产业集群和黑龙江的动力机械产业集群。东北地区作为传统的老工业基地，在对接新一轮东北振兴中，瞄准高端装备制造和高技术产业发力，通过优化政策供给、深化体制机制改革等举措，为东北的装备制造业注入新活力。

2. 25 个制造业集群

2021 年 3 月，工业和信息化部围绕新一代信息技术、高端装备、新材料、生物医药等重点领域，遴选出两批共计 25 个先进制造业集群作为重点培育对象参与全球竞争与合作。25 个先进制造业集群主要分布在我国的广东、江苏、上海等 9 个省市，从具体城市来看，主要分布在深圳、广州、上海、成都、南京、青岛等 21 个城市，东部沿海区域集聚明显，占到 7 成以上。

25 个先进制造业集群存在明显的集聚特征，主要在信息技术、高端装备制造、新材料、生物和新能源五大领域，其中高端装备制造业入选 8 个产业集群，见表 3-12。入选的产业集群产品种类丰富、配套完善，主要产品在国内外市场占据较高的市场份额，且积极参与制定了行业、国内或者国际标准，积累了大量、有效专利，突破了各项关键技术。例如，浙江省温州市乐清电气集群，其电气产业目前已占到全国市场份额 65% 以上，产品门类覆盖输电变配电等 200 多个系列、6000 多个种类、25000 多种型号，且累计制定国际标准 11 个、国内标准 848 个，公开 4784 项行业标准，覆盖 8902 种产品。江苏省南京市新型电力（智能电网）装备集群的智能电网产品市场占有率领先全国，其中二次设备及控制系统的制造业收入规模居全国首位，高压继电保护设备国内市场占有率达 80%，省、地级电网调度自动化系统及设备国内市场占有率分别超过 90%、40%，另外还参与起草了 1000 多项国际、国家和行业标准，获得两项"中国标准创新贡献奖"。

表 3-12　工信部"25 个先进制造业集群"培养名单

行业分类	个数	集群名目
高端装备制造	8	浙江省温州市乐清电气集群
		山东省青岛市轨道交通装备集群
		广东省广深佛莞智能装备集群
		陕西省西安市航空集群
		江苏省徐州市工程机械集群
		湖南省长沙市工程机械集群
		湖南省株洲市先进轨道交通设备集群
		江苏省南京市新型电力（智能电网）装备集群
信息技术	10	广东省深圳市新一代信息通信群
		江苏省无锡市物联网集群
		上海市集成电路集群
		广东省广佛慧超高清视频和智能家电集群
		江苏省南京市软件和信息服务集群
		广东省东莞市智能移动终端集群
		安徽省合肥市智能语音集群
		浙江省杭州市数字安防集群
		山东省青岛市智能家电集群
		四川省成都市软件和信息服务集群
新材料	3	江苏省常州市新型碳材料集群
		江苏省苏州市纳米新材料集群
		浙江省宁波市磁性材料集群
生物	2	上海市张江生物医药集群
		江苏省常州市新型碳材料集群

行业分类	个数	集群名目
新能源	2	四川省成都市、德阳市高端能源装备集群
		广东省深圳市先进电池材料集群

（三）数字驱动优势

改革开放以来，中国装备制造业已经发展成为规模庞大、门类齐全的产业，产业结构升级不断加快，出口规模日益扩大，在全球价值链中的地位稳步提升。但在发达国家逆全球化与发展中国家低成本优势日益凸显的双重背景下，中国的装备制造业面临诸多新挑战：人口红利褪去、资源要素价格上升、环保要求提高、市场竞争加剧。

随着互联网、大数据、人工智能等信息技术的不断发展和应用普及，我国数字经济蓬勃发展，整体实力不断提升。"十三五"以来，我国装备制造业智能制造整体水平得到了明显提升，形成了一批典型应用系统与场景，建成了一批智能工厂，发布了一批智能制造国家标准，基本覆盖设计、生产、物流、销售、服务制造全流程。装备制造业作为中国经济基础的国民产业，实现从"低端制造"向"高端制造"迈进，数字化转型已经成为装备制造企业的迫切需求。以数字驱动产业壮大、壮新，形成产业发展新动能已经成为装备制造业的行业共识，对数字化转型企业不再思考是否"需要做"，而开始思考和布局"怎样做"。

1. 数字化转型制度不断完善

近年来，从国家到地方都在不断推出、完善产业发展政策，为装备制造业数字化转型发展提供了重要保障，先后出台了相应规划，在产品研究与开发，创新成果转化及应用，信息基础设施建设等方面提供了重要支撑。2020年10月，《中共中央关于制定国民经济和社会发展第十四个五年规划和二○三五年远景目标的建议》指出，要发展数字经济，推进数字产业化和产业数字化，推动数字经济和实体经济深度融合。这为中国装备制造业的未来发展指明了战略方向和可行路径。省级层面，以江苏省装备制造业数字化转型为例，江苏省办公厅于2022年发布《江苏省制造业智能化改造和数字化转型三年行动计划（2022—2024年）》，指出要率先建成全国制造业高质量发展示范区。到2024年底，全省规模以上工业企业全面实施智能化改造和数字化转型，劳动生产率年均增幅高于增加值增幅；重点企业关键工序数控化率达 65％，经营管理数字化普及率超过 80％，数字化研发设计工具普及率接近 90％。

2. 数字化基础设施不断加强

目前，我国 5G 技术、人工智能、物联网、大数据中心、工业互联网等基础设施建设和应用纷纷实现突破，有效降低了装备制造业数字化转型成本，为装备制造业的数字化转型发展提供了重要基础设施保证。截至 2022 年 6 月，我国已建成 5G 基站近 160 万个，成为全球首个基于独立组网模式规模建设 5G 网络的国家。云数据中心资源总体供给规模平稳增长，近年来复合增长率在 30％以上，阿里云成为全球第四大云服务提供商。全球 500 强超级计算机的计算能力中 32％来自中国，为装备制造业数字化转型提供基础设施保障的能力越来越强。

3. 两化融合水平逐渐提高

两化融合是信息化和工业化的高层次的深度结合，以信息化带动工业化、以工业化促进信息化，走新型工业化道路。当前，我国工业化和信息化融合成效显著，两化融合已步入快速发展阶段，为我国装备制造业数字化转型奠定了坚实的基础。两化融合水平的衡量可以综合考虑数字化程度、集成互联及智能协同等指标。其中，数字化程度包括数字化研发工具普及率、关键工序数控化率、关键业务环节全面信息化的企业比例等指标，集成互联包括实现管控集成的企业比例和实现产供销集成的企业比例等指标，智能协同包括实现产业链协同的企业比例和智能制造就绪率等指标。截至 2021 年，全国工业企业关键工序数控化率、经营管理数字化普及率和数字化研发设计工具普及率分别达到 54.6％、69.8％和 74.2％，"十三五"以来分别增加 9.2、14.9 和 12.2 个百分点。同年，工业和信息化部发布了《"十四五"信息化和工业化深度融合发展规划》，提出到 2025 年，工业化和信息化在更广泛、更深程度、更高水平上实现融合发展，新一代信息技术向制造业各领域加速渗透，范围显著扩展、程度持续深化、质量大幅提升。

二、我国装备制造业的劣势

（一）技术创新薄弱

我国装备制造业面临的技术创新问题，虽然在产业发展过程中不断努力，但仍尚未得到根本性解决，最突出的表现在于产业基础与核心技术存在短板。

1. 核心技术存在短板

（1）核心零部件依赖进口。尽管党的十八大以来，我国通过实施工业强基工程，在装备制造业上突破了一批关键零部件的核心技术，部分基础制造装备取得重要进展。但从细分行业来看，装备制造产业仍然存在具备主机生产能力但关键基础材料、核心零部件受制于人、依赖进口的情况。重大技术装备进口免税目录中直接进口的零部件和原材料多达 1358 条目，涉及十多个重点领域，通用泵阀、液压系统、传动装置、轴承和传感器等排在进口前列。此外，重点领域发展急需的专用生产设备、专用生产线及专用检测系统等也存在明显短板。例如集成电路、新材料、生物制药等战略性新兴产业的生产线装备绝大部分依赖进口。特别是一些高端装备长期面临发达国家封锁。以日本为例，日本工业品出口中，耐用消费品比例不到 20％，而主要出口高技术、高附加值的机械设备、零部件、原材料及中间产品，成为"世界供应基地"。

（2）部分产品和零部件质量与国外进口差距较大。一方面，部分产品的可靠性和产品精度与进口产品相比仍存在较大差距。例如，对标国际车床、铣床和磨床的单向重复定位精度为 $1.6\mu m$ 甚至 $1.0\mu m$，我国目前车床、铣床和磨床的单向重复定位精度基本在 $2.5\mu m$，尚处于研发阶段。国产数控系统 MTBF（平均无故障时间）为 1 万小时，而国际水平已达 8 万小时。另外，我国装备制造业质量标准体系建设较落后，部分产品的技术标准与工业发达国家相比不够完善、实用性差，跟不上新产品研发速度，不能完全适应重大技术装备高质量发展需求。

2. 产业基础短板

我国装备制造业规模体量大、产业体系完整，拥有超大的国内市场规模，已具备十分强大的抗风险能力，与欧美发达国家的差距总体上有明显缩小，部分产业已达到国际领先或先进水平。目前，中国在世界领先的五大产业有通信设备、轨道交通装备、输变电装备、纺织服装、家用电器，属世界先进的六大产业有航天装备、发电装备、新能源汽车、钢铁、石油化工、建筑材料。但仍有大部分领域差距较大，特别是基础产业。基础产业薄弱突出体现在机床和仪器仪表两个基础性行业。

（1）机床产业。机床是装备制造业中至关重要的基础制造装备，是"生产机器的机器"，直接决定着制造精度、制造效率和制造质量。该产业具有基础性和战略性地位，包括金属切削机床、成型机床、铸造、切割与焊接设备等。与装备制造业整体表现为多年高贸易顺差相反，机床产业中无论是机床整机，还是数控装置、机床零部件、机床夹具附件，都体现为贸易逆差。特别是机床行业高端产品领域，如高端数控机床、高性能切削刀具与工具系统、高精度自动化量具量仪、高性能磨料磨具、高性能数控装置、高性能数控机床功能部件等，国产产品的自主化程度普遍较低，在很大程度上仍然依赖进口，导致市场竞争力弱。在产业链上，该产业的上游原材料、芯片、基础元器件和工业软件等方面明显受制于人，总体市场对外依赖度约在90%以上。

（2）仪器仪表产业。仪器仪表产业是国民经济的基础性产业，是信息化和工业化深度融合的源头和重要装备，包括自动控制系统、传感器、电工仪器仪表、各种测量仪器仪表、分析仪表、试验机、电子测量仪表、光学测量仪表。从产业链角度来看，我国仪器仪表行业整体综合实力不强，高端产品落后明显，特别是高技术含量、单台高价值量的仪器仪表，集成电路、核电、石化、新材料等新兴行业关键工艺（装置）配套的仪器仪表，支撑国家重大科技专项、科技前沿和高端学科的关键仪器仪表，应用于国家重点实验室、海关、检验检疫、国防军工等典型领域的大型仪器仪表差距明显，自主化率不到10%，对美、欧、日等发达国家产品和技术的依赖性很强。

（二）产业主体不均衡

1. 民营企业发展不足

装备制造业作为典型的资本密集型和技术密集型产业，技术含量高、资本投入大的产业特点决定了行业的市场准入门槛高、收益风险大。得到国家重点投入和政策支持的国有企业规模较大，使得资本实力并不雄厚的民营企业进入装备制造业的生存空间不断被挤压，显现出发展不足的特点。一方面，民营装备制造业以中小型企业为主，平均规模较小。2018年，我国规模以上民营装备制造业的企业数量超过5.8万家，占规模以上装备制造业企业总数的54%，但其资产规模仅为21%。另一方面，民营装备制造业的盈利能力还有待提高。2018年，民营装备制造业企业的主营业务收入占规模以上装备制造业的28%，利润占比仅为26%，而亏损企业单位数占规模以上亏损企业单位数的40%。

以辽宁省为例，装备制造业是辽宁省的传统优势产业，有着雄厚的产业基础和完整的产业体系。从新中国成立初期开始，辽宁省的装备制造业就得到了国家的大力投入。2018年，辽宁省装备制造业主营业务收入超过7000亿元，充分显示了身为装备制造业大省的产业优势。近些年来，随着民营企业进入装备制造业，辽宁装备制造业形成了国有、外资、民营三分天下的格局，但是民营装备制造业的发展相对弱小。辽宁的民营装备制造业所面临的问题：一是长期以来，辽宁装备制造业的发展主要是国有企业占绝对优势，民营经济的参与度较低，致使民营装备制造业发展缓慢，民营装备制造企业发展的数量、质量都与先进地区存在较大差距。二是资金短缺，融资困难。民营装备制造企业固定资产投资资金不足，流动资金短缺，融资渠道狭窄，很难取得公开发行上市资格。另外，与装备制造业密切关联的生产性服务业发展滞后，限制了民营装备制造业的发展。

2. 国有企业大而不强

一方面，国有装备制造企业规模较大，应激发其带动能力。2018年规模以上国有控股装备制造企业仅有4000多家，却有4%的企业占有规模以上装备制造业27%的总资产，说明国有装备制造企业平均规模较大，在很多细分行业中居龙头企业的地位；另一方面，2018年国有装备制造企业亏损单位数近1000家，占国有控股装备制造企业数的20%以上，而私营装备制造企业亏损企业数仅占私营装备制造企业数的9%左右，这说明国有装备制造企业"大而不强"的问题较为突出。

三、我国装备制造业的机遇与挑战

（一）我国装备制造业发展新机遇

1. 区域协调发展战略创造产业发展"新需求"

党的十八大以来，党中央把促进区域协调发展摆在更加重要的位置，制定和实施了一系列区域协调发展战略，包括京津冀协同发展、长江经济带发展、粤港澳大湾区建设、长三角一体化发展、黄河流域生态保护和高质量发展、成渝地区双城经济圈建设，以及海南全面深化改革开放等。这些重大区域发展战略必将带动高水平基础设施建设、城市建设、工业转型升级，形成对装备制造业的相关需求。

2. "一带一路"合作创造产业提升"新途径"

我国所倡导的"一带一路"国际合作机制是国与国之间生产能力的合作，是围绕生产能力建设、转移和提升开展的互利共赢的国际产业投资合作，以企业为主体，以共赢为目标，通过改善基础设施、创造投资机会、实现市场对接来动员更多资源，释放增长动力，让更多国家和地区融入经济全球化。中国的装备制造业企业通过深入参与"一带一路"沿线国家的基础设施建设和经贸合作园区建设，带动了整体装备制造产业链"走出去"，在扩大国际市场的同时，更是通过国际合作提升学习能力、借鉴国际新兴技术、促进自身产业转型升级。

3. 信息技术发展提供产业转型"新模式"

中国的信息技术发展应用已经走在世界前列，为中国装备制造业"弯道超车"提供了机遇。一方面，大数据、人工智能以"互联网＋"的方式改造装备制造业的生产过程、营销过程，重构供应链。另一方面，信息技术对传统制造业的根本性颠覆则是价值创造模式的改变，制造业与服务业融合成为"新制造"。"服务化"不再是为了更好地销售产品而延伸制造业产业链，"服务"成为制造业生产的目的。信息技术的深度发展和应用，将突破成本的束缚，迅速扩大装备制造业企业提供服务的领域。

4. 国内市场消费升级创产业提升"新动力"

得益于国家产业政策的大力扶持和全球产业格局的转变，我国装备制造业已经取得举世瞩目的发展成就，形成了门类齐全、具有相当规模和一定水平的产业体系，是我国经济发展的重要支柱产业。2019年，我国人均GDP首次突破1万美元，我国国内已经形成具有强大购买力的内需市场。国内居民的消费升级以及新的消费增长点都将带动相应设备投资需求的增长，例如农产品加工设备、包装设备、自动化仪器与设备、环保装备、轨道交通设备、新能源汽车、医疗设备、工业机器人等。

（二）我国装备制造业发展面临的新挑战

1. 外部宏观风险加剧

（1）"逆全球化"的发展。自全球金融危机以来，世界经济陷入低迷已经超过十年。世界经济发展面临较大下行压力，全球需求持续减弱，增长动能趋缓，各国政策向内倾斜，贸易保护主义持续升温。一些国家开始实施"逆全球化"政策，在国际上对商品、资本和劳动力等要素流动设置各种显性及隐性障碍，导致全球经贸摩擦加剧。作为全球第一大经济体，美国频繁采取强硬的贸易保护措施，强力推行"美国优先"的单边主义、保护主义贸易政策，其矛头不仅指向中国、墨西哥、韩国等新兴经济体，也指向欧盟、加拿大、澳大利亚等盟友，严重扰乱了全球贸易发展秩序，对国际贸易持续发展带来严峻挑战。

（2）各国间竞争与博弈愈发激烈。目前，世界新兴市场与发展中国家的GDP总量已超过全球经济总量的50%。"金砖五国""新钻11国"等新兴经济体先后登上世界舞台，在国际上的地位和话语权不断提升，并开始在众多国际组织中发挥决定性作用。这一国际形势的变化将重新定义新兴市场与发展中国家在世界上的主导权和规则制定权。发达国家与新兴经济体、发展中国家之间的竞争与博弈日趋激烈。在后金融危机时代，随着新兴经济体的强势崛起，由发达经济体与新兴经济体所共同主导的经济全球化将替代美国主导的经济全球化，形成全球经济多元化主导的趋势。各国之间对于利益的追逐将成为世界宏观经济一个重要的不确定因素。

（3）疫情防控常态化。新冠疫情暴发之初，中国经济遭受严重冲击，2020年第一季度GDP同比下降6%。但随着疫情防控取得明显成效，国内消费出现反弹性增加，经济复苏步伐强劲，基本保持企稳回升态势。根据联合国2021年发布的《2021年世界经济形势与展望》，2020年全球经济受疫情影响萎缩4%的幅度，是第二次世界大战以来全球经济增长最低水平，远超国际金融危机时期的下跌幅度。

2. 内部市场风险增加

（1）国内市场结构性过剩。近年来，我国装备制造业的发展始终保持着较快速度。2021年，我国装备制造业的产值规模已经突破20万亿元，占全球比重已经超过1/3，稳居世界首位。但随着产业规模的不断扩大，装备制造业的产能过剩导致当前国内市场出现结构性失调：低端装备市场严重饱和；而高端装备则受制于人，需要依靠国外大量进口。当前我国装备制造业仍然面临着发展先进技术、生产高端装备产品的紧迫性。

（2）传统需求增长乏力。目前，国内固定资产投资需求出现了增速的大幅下降。根据国家统计局数据，全社会固定资产投资增速2012年已经从高位回落到20.3%，此后持续下降，到2020年仅为2.9%，其中与装备制造业密切相关的设备工具器具购置投资的增速更低。因此，过去高增长时期以强劲的需求总量拉动装备制造业增长的状况难以再现。

（3）供应链安全问题凸显。对于中国的装备制造业而言，在新冠肺炎疫情和全球贸易摩擦加剧的双重挤压下，我国产业供应链的安全问题主要来自以下两个方面：一是产业基础薄弱，核心技术存在短板，特别是高端装备制造业的关键基础材料、核心零部件受制于人、依赖进口；二是供应链上下游的协同问题，即如何充分发挥国内市场优势，打通供应链上下游，通过提高供应链紧密程度进而提升产业整体水平。

（4）融资问题尚未解决。与全球工业发达国家相比，我国装备制造业自主科研能力较弱、核心技术进口依赖程度较高。为提升我国装备制造产业的自主创新能力、加快产业升级，仍需加大金融支持力度、推进金融服务，以满足装备制造业发展的金融需求。

近年来，各级政府在政策机制上不断引导金融服务于实体经济，同时国家设立科创板，在一定程度上拓宽了部分高端装备制造企业的融资渠道，但受限于装备制造企业新技术的研发周期过长、前期投入过大、收益风险过高，融资困难问题始终是阻碍装备制造业转型升级的重要因素。加上当前装备制造业的融资渠道较为单一，主要依靠自有资金和商业银行信贷支持，股权融资、债券融资、金融租赁、境外融资等渠道尚未畅通，导致我国装备制造业发展整体呈现融资困难。

第四章　浙江省装备制造业参与国际产能合作分析

第一节　浙江省装备制造业各地区产业发展分析

一、全省产业结构

从浙江省装备制造业的行业结构来看，2020—2021年，电气机械和其他电子设备制造业、汽车制造业、通用设备制造业和计算机、通信和其他电子设备制造业这4个细分行业的增加值总和占全省装备制造业增加值的比例均在75%左右，在浙江省装备制造业发展中占据重要地位。从增加值增速来看，2020年计算机、通信和其他电子设备制造业（21.7%），铁路、船舶、航空航天和其他运输设备制造业（13.2%），专用设备制造业（11.8%）等细分行业达到两位数增长；2021年金属制品业（26%），通用设备制造业（12%），计算机、通信和其他电子设备制造业（13.82%），电气机械和其他电子设备制造业（11.97%）等细分行业达到两位数增长。另外，2021年从对规模以上工业增加值贡献率看，计算机、通信和其他电子设备制造业（13.82%），通用设备制造业（12.24%），电气机械和其他电子设备制造业（11.97%）等贡献率较高。总体而言，浙江省规模以上装备制造业的各个细分行业发展趋势积极向好（表4-1）。

表4-1 2020—2021年浙江省装备制造业分行业增加值情况

	2020年增加值/亿元	2020年增加值占比	2020年增加值增速	2021年增加值/亿元	2021年增加值占比	2021年增加值增速
金属制品业	649.7	8.80%	9%	894	9.85%	26%
通用设备制造业	1402	19%	9%	1797.3	19.81%	12.24%
专用设备制造业	608.9	8.20%	11.80%	749.6	8.26%	4%
汽车制造业	1266	17%	4.30%	1333.6	15%	5%
铁路、船舶、航空航天和其他运输设备制造业	220.5	2.98%	13.20%	254.8	2.81%	1.23%
电气机械和其他电子设备制造业	1476	20%	8.50%	1891	21%	11.97%
计算机、通信和其他电子设备制造业	1402	19%	21.70%	1726.1	19%	13.82%
仪器仪表制造业	355.9	4.82%	9.90%	426.2	4.70%	2.42%
装备制造业	7381	100%	10.80%	9072.5	100%	18%

二、分地区产业发展概况

2020年,浙江省各地市装备制造业增加值同比取得稳定增长,从规模上看,宁波(29.52%)和杭州(24.88%)分别达到2180亿元和1837亿元,两市合计占比超过全省装备制造业增加值的50%,处于全省装备制造业建设的第一梯队;温州、嘉兴、湖州、台州、金华、绍兴各地市装备制造业增加值分别占比7.97%、10.64%、4.08%、8.26%、5.5%、5.89%,处于全省装备制造业建设的第二梯队;舟山、衢州和丽水的装备制造业增加值分别为122.6亿元、87.7亿元和87.4亿元,处于全省装备制造业建设的第三梯队,显现出装备制造业全省各地区间发展不够均衡,详见表4-2、图4-1。

表4-2 2020年浙江省各地区装备制造业增加值发展情况

地区	总量/亿元	增速/%	占比/%
杭州市	1837	11.8	24.88

地区	总量/亿元	增速/%	占比/%
宁波市	2179.5	8.5	29.52
温州市	588.3	6.6	7.97
嘉兴市	785.1	22.6	10.64
湖州市	301.6	11.3	4.08
绍兴市	434.5	8.9	5.89
金华市	406.1	8.3	5.5
衢州市	87.7	13.6	1.18
舟山市	122.6	18.0	1.66
台州市	610.3	5.6	8.26
丽水市	87.4	11.4	1.18
浙江省	7381	10.8	100

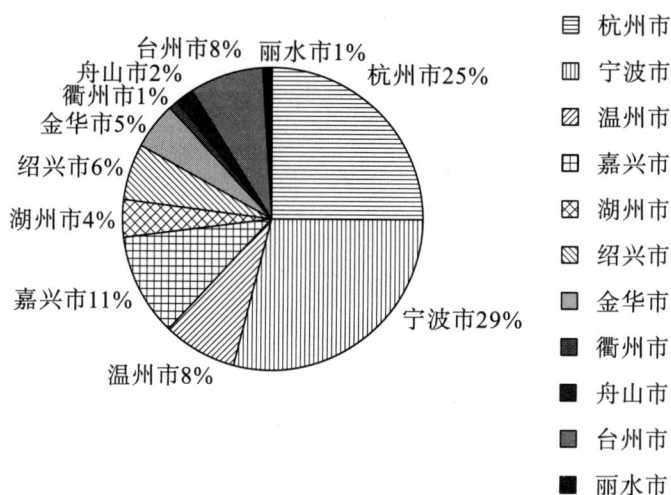

图4-1 2020年浙江省各地市装备制造业增加值占比

（一）全省装备制造业第一梯队建设

1. 宁波地区装备制造业发展

装备制造业是宁波工业经济的支柱，2020年宁波市装备制造业的各项经济指标均超过去年同期水平，有力支撑了全市制造业高质量发展。

2020 年，宁波市装备制造业产业规模稳步增长，全年实现规模以上总产值 9002.8 亿元，同比增长 6.9%，占浙江省装备制造业规上产值的 29%；宁波装备制造业实现规模以上增加值 2180 亿元，较去年同期增长 8.8%。装备制造业规上企业数量 5156 家，占规上工业企业 61.4%。产业运行方面，2020 年宁波装备制造业实现利润总额 936.7 亿元，同比增长 28.8%，整体产业表现出强劲的发展能力。从县（市、区）来看，2020 年宁波市装备制造业总产值超过 1000 亿元的有 4 个，其中宁波慈溪市装备制造业总产值达到 2552 亿元，规模位居全省第一。

2. 杭州地区装备制造业发展

2020 年，杭州市装备制造业产业全年实现规模以上总产值 7761 亿元，占浙江省装备制造业规上产值的 25%；杭州市装备制造业实现规模以上增加值 1837 亿元，较去年同期增长 11.8%，占全市规模以上工业的 50.6%。从县（市、区）看，2020 年杭州市装备制造业总产值超过 1000 亿元的有 2 个，其中滨江区装备制造业总产值达到 2011 亿元，总体规模位居全省第二。目前，杭州的装备制造业以高质量的产业发展成效拉动了杭州整体制造业发展。以杭州市高端装备制造业为例，2020 年杭州市高端装备制造业实现规上工业增加值 790 亿元，占全市规上工业增加值 21.8%，比 2017 年提升 9 个百分点（高端装备制造业自 2017 年开始统计），实现营业收入 2927 亿元，销售产值 2882 亿元，出口交货值 394 亿元。2020 年，全市高端装备制造业规上企业利润总额、新产品产值占规上工业的比重分别达到 21.3% 和 29%。

（二）全省装备制造业第二梯队建设

1. 嘉兴地区装备制造业发展

2020 年，嘉兴市装备制造业实现规上工业增加值 785.1 亿元，同比增长 22.6%，增速列全省第一，总量居全省第三；其中，高端装备制造业实现规上工业增加值 535.7 亿元，同比增长 8.2%。在行业发展中，计算机和通信制造业总产值达到 1054.6 亿元，增速达到 48.9%，总量居行业第二，增速居第一；增加值更是达到 243.9 亿元，增加值增速为 65.6%，实现高速增长，增加值总量超过电气机械、电力等行业，成为全市第一大支柱产业。2021 年，嘉兴市装备制造业增加值首次突破 1000 亿元，增加值增速 24.4%，均列全省第三位；装备制造业增加值占规上工业比重 39.35%；高端装备制造业实现增加值 628.84 亿元，列全省第三位，增加值增速 17.1%。目前，嘉兴全市拥有首台（套）装备 93 项（其中国家级 4 项，省级 19 项，市级 70 项），省级"未来工厂"2 家，省级智能工厂（数字化车间）18 家，单项冠军 3 家。嘉兴市整体装备制造业呈现出产业韧性强、创新推进快、转型升级稳的特点，实现了稳中向好发展。

2. 温州地区装备制造业发展

温州装备制造业具有较好的产业基础，近年来推进智能装备产业的培育和发展，形成了包括包装机械、印刷机械、食品与制药机械、仪器仪表等传统优势智能装备，以及激光加工装备、工业机器人、5G 通信设施、计算机等战略性新兴装备。其中，包装机械、印刷机械、食品与制药机械等领域形成了一定的规模优势，约占全国市场的 30%；燃气表、电能表等仪表占全国市场的 40% 以上。奔腾激光、朝隆纺机、工正集团与炜冈机械等 11 家企业入选省高端装备领域隐形冠军企业。此外，还形成了特色鲜明的零部件制造产业集聚，培育出乐清精密模具、龙湾紧固件等具有影响力的产业基础配套。2020 年温州市装备制造业规上企业数量 3625 家，占规上工业企业 60.79%。规模以上工业中，温州市装备制造业产业增加值比上年增长 6.6%，占规模以上工业的比重达 53.2%，全年实现利润总额 33.33 亿元。另外，2020 年全市实现智能装备产业规上产值 690 亿元，智能装备规上企业 707 家，呈现传统装备产业稳步提升、新型产业持续萌发的较好发展局面。

3. 台州地区装备制造业发展

台州装备制造业基础扎实，产业门类齐全、配套完整。全市凭借民营经济先发优势，走出了一条以"民营主导＋政府推动"为主要特征的装备制造业发展之路。台州的装备制造业发展以产业集群化为特征，拥有 21 个产值超百亿元的产业集群、68 个国家级产业基地，形成了汽车、缝制设备等一批在国内外具有较大影响力的主导装备产业。2020 年台州装备制造业增加值达到 610 亿元，增速占比超过 8%，全省排名第四。高端装备产业方面，台州拥有海德曼、东部数控、钱江机器人等重点企业，2020 年全市高端装备制造行业产值超过 180 亿元，成为国内知名的智能装备产业高地。

4. 湖州地区装备制造业发展

湖州装备制造业的发展坚持"工业强市、产业兴市"发展战略，通过构建"4210"现代产业体系，推动装备制造业高质量赶超发展，加快建成长三角先进装备制造业基地。2020年，湖州规上工业增加值达到978亿元，"十三五"期间年均增长7.5%，高于全国平均2个百分点、全省平均0.7个百分点，33个大类行业中，有28个行业增加值实现增长。装备制造业发展总体呈现"好于全国，领先全省"态势，主要指标增速全面领先，2020年增加值实现391.1亿元，增长20.2%，占比为31.4%。各区县保持均衡发展，长兴县、德清县、吴兴区入选省制造业高质量发展示范县（市、区）。

5. 金华地区装备制造业发展

2020年，金华市实现规上工业总产值4453亿元，规上工业企业达到4556家，较"十二五"末增加587家；高端装备制造业增加值、数字经济核心产业制造业增加值分别增长14.4%、29.4%，增速均居全省第一。高新技术产业、装备制造业增加值占全市规上工业的比重分别达到52.8%、44.1%，较"十二五"末增加了21.8个百分点、6.4个百分点。金华地区装备制造业的发展专注加快链式集聚，在产业集群培育上取得新进展。现代五金产业列入国家级先进制造业集群培育。2020年，金华市亿元以上企业达到891家，累计培育"小升规"企业2211家、省隐形冠军（培育）企业131家，12家企业被评为国家级"专精特新"小巨人企业，113种产品入选"浙江制造精品"，培育产业链上下游企业共同体6个，数据位列全省前茅。

6. 绍兴地区装备制造业发展

绍兴市装备制造业产业基础良好，按照承接大产业、聚焦大项目、实现大发展的工作思路，全面推动全市装备制造产业发展。依托万丰整机制造优势，不断完善上下游产业链，持续招引航空航天相关产业，推动航空航天交通装备细分产业发展。依托天际整车制造及三花、索密克等零部件制造优势，推动新能源汽车及零部件、轨道交通等交通装备高端制造业发展。2020年，绍兴市全年规模以上工业增加值1552亿元，比上年增长4.9%，增速居全省第五位。规模以上工业利润总额519亿元，比上年增长14.9%。其中，高端装备制造业利润增长40.2%。通用设备制造业、电气机械及器材制造业、仪器仪表制造业等细分行业在2020年也实现逆势发展。其中，通用设备制造业实现规上工业增加值 141.9 亿元，较去年同期增长 10.7%，高于规上工业 5.8 个百分点，成为拉动工业经济增长的重要引擎。绍兴地区 897 家装备制造规上企业完成产值 1127 亿元，同比增长 9.4%，高出规上工业 7.1 个百分点。

（三）全省装备制造业第三梯队建设

1. 丽水地区装备制造业发展

2020 年丽水地区全年实现工业增加值 434.37 亿元，比上年增长 2.8%。规模以上工业增加值增长 4.5%，销售产值增长 3.7%。规模以上工业企业实现利润总额 102.19 亿元，比上年增长 15.5%。全员劳动生产率 20.2 万元/人，比上年提高 5.2%。规模以上工业中，装备制造业产业增加值增长 11.4%，占规上工业增加值的比重为 29.4%。丽水装备制造业的代表产业是滚动功能部件，是全国起步最早、生产最集聚、产业链最完整、发展最具潜力的滚动功能部件产业。2020 年，丽水滚动功能部件及特色工业机器人产业链被列入浙江省"链长制"试点示范。此外，丽水市投资额高达 110 亿元的东旭高端光电半导体材料项目作为百亿元级重大制造业项目，采用目前国内光电半导体材料最先进技术工艺，打破了国外对我国半导体高端设备市场长期垄断的局面。

2. 衢州地区装备制造业发展

2020 年，衢州全年工业增加值 530.46 亿元，比上年增长 3.4%。规模以上工业企业完成产值 1902.08 亿元，增长 3.7%。衢州的装备制造业发展在原有产业基础上不断完善和丰富产业链，建设了具有特色和比较优势的装备制造产业集群：空气动力与掘进机械方面，衢州拥有国家空气动力机械特色产业基地，目前已形成年产空压机 30 万台的生产规模，保持市场占有率全国第一；输配电产业方面，衢州建有省级输配电产业基地和输变电装备制造业高新技术特色产业基地；轴承产业方面，建有省级轴承产业基地，其中浙高铁的高铁用轴承已开展装车测试，量产后可打破国外垄断现状，实现我国高端轴承的完全自主知识产权。衢州装备制造业企业虽然发展快，但在省内所占比例还是很低。2020 年，全市规上装备制造业增加值仅占全省的 1.3% 左右，企业规模普遍不大，在遇到行业上游原材料价格大幅上涨时，企业缺少议价能力，并且对下游企业也没有足够的定价权，严重影响产业利润。

3. 舟山地区装备制造业发展

"十三五"期间舟山市工业经济实现跨越式增长。2020年规上工业产值达到1572.4亿元，规上工业增加值497.9亿元，同比增长60.2%，增速领跑全省（5.4%）、全国（2.8%），增速位居全省第一位，成为拉动舟山经济逆势增长的主要动力因素。2020年，全市规上工业中，高新技术产业增加值同比增长96.3%，高于规上工业增加值增速36.1个百分点，装备制造业产业增加值增长18.0%。从细分行业来看，机械制造业、船舶修造业的行业产值分别增长24.3%和21.7%，有力支撑了装备制造业快速增长。但舟山装备制造业外向型程度高，企业规模小，抗风险能力较弱，船舶设备制造业具有强周期属性，极易受国际政治经济不确定因素影响，对本地临港产业发展、重大制造业项目建设带来一系列负面影响。同时，全市行业企业普遍处于全球价值链低端，产业附加值低，缺乏龙头企业引领，缺乏终端型产品，目前没有形成完整的产业链。

第二节　国际产能合作下浙江省装备制造产业实践

国际产能合作是我国实施"一带一路"倡议的重要内容，是去产能、推动产业转型升级的重要途径。浙江省作为我国对外开放程度最高的省份之一，拥有实力强劲的制造业产能优势和全球布局的浙商资源优势，近年来作为我国"一带一路"建设的重要组成部分，以基础设施建设、贸易投资合作为主题，全方位推进与"一带一路"沿线国家的开放合作和优势产能全球布局的战略部署。浙江省充分发挥综合优势，在境外建设了一批经贸合作区和重大传统产业基地，打造了以"一区、一港、一网、一站、一园、一桥"为框架的建设格局，形成了特色鲜明、成果显著的国际产能合作的浙江实践。

一、浙江省国际产能合作的推动措施

（一）以多层次的政策机制为引导

浙江省政府结合自身产业发展基础和经济优势，制订了系列区域行动规划和实施方案，主动对接"一带一路"沿线合作国发展，引导浙江企业积极参与国际产能合作。

1. 建立推进国际产能合作委省协同机制

2016 年 3 月，浙江省政府与国家发展和改革委员会建立推进国际产能合作委省协同机制，进一步加强国家部委与地方政府联动、沟通和合作，支持浙江省开展国际产能合作，提高浙江省开放型经济发展水平。国家发展和改革委员会支持浙江企业积极参与国家重大国际产能合作项目以及铁路、电力等重大装备"走出去"建设项目。通过委省协同机制的建立推进，国家发展和改革委员会将在建设多双边合作机制、制定重点国别规划、设立股权投资基金等工作中对浙江省予以支持。

2. 发布推动国际产能合作三年计划

2017 年 6 月，浙江省政府发布《浙江省参与"一带一路"建设和推动国际产能合作三年行动计划（2017—2019）》。根据行动计划，浙江省政府立足周边重点国家，辐射中东欧，开拓非洲和拉美地区，重点推进境外加工组装和优势富余产能的转移，实施基础设施的一体化经营。通过参加"一带一路"下的国际产能合作，加快实现全省的产业升级和有序转移，落实省内海外联动发展的全球产能新布局。

3. 实施打造"一带一路"枢纽行动方案

2018 年 6 月，浙江省政府发布《浙江省打造"一带一路"枢纽行动计划》，围绕"一带一路"倡议和全省高水平建设大湾区大花园大通道大都市区总体部署，充分发挥浙江综合优势，加快形成以"一区、一港、一网、一站、一园、一桥"为框架的"一带一路"建设总体格局。在国际产能合作上，一方面根据现有的优势产业基础，引导优势产能海外布局，形成一批境外产能合作基地，不断提升国际产能合作水平；另一方面，通过"一带一路"基础设施互联互通建设，鼓励建筑业"走出去"开拓国际市场，并拓展农业和海洋等多领域国际合作。

（二）以高水平的合作园区为平台

高水平的园区建设是浙江省开展国际产能合作的重要平台，是服务"一带一路"建设的重要抓手，在形成抱团出海合力、应对贸易摩擦，提高产能合作质量方面有积极作用。浙江省政府目前也出台多项行动方案，积极建好国际合作园，打造产能合作发展先行区。

1. 对外稳妥推进境外经贸合作区建设

境外经贸合作区作为共建"一带一路"的重要平台，在产业聚集、带动、辐射、示范等方面发挥着不可替代的作用。合作双方通过共建经贸合作区，带动重大产业项目落地，助推贸易、投资等领域深度融合，加快当地工业化进程，为合作国增加就业和税收发挥了积极作用。目前经贸合作区已发展成合作国重要的产业基地，成为区域经济新的增长极。浙江在国际产能合作领域涉及的产业门类日趋多元化。2018 年，浙江省新增文莱大摩拉岛石油炼化工业园区、北美华富山工业园、中柬国际农业合作示范园区、百隆（越南）纺织园区和捷克（浙江）经贸合作区等七家省级境外经贸合作区。这其中既包括石油炼化、纺织等专业型产业园，又包括农业产业型园区和商贸物流型园区，更有针对科技研发的园区，涵盖了加工制造、资源利用、农业产业、商贸物流、科技研发、产业综合等多种类型。

截至 2020 年，浙江省已有省级以上境外经贸合作区 15 家，其中国家级境外经贸合作区 4 家，位居全国前列，见表 4-3。15 家境外经贸合作区建区企业累计投资额 62.76 亿美元，共有入园企业 611 家，累计总产值281.45 亿美元，解决当地就业 7.23 万人。浙江省产能合作脚步从东南亚的泰国、柬埔寨、越南、文莱，到中亚的乌兹别克斯坦，欧洲的俄罗斯、捷克、塞尔维亚，乃至美洲的美国和墨西哥，已初步形成贯穿"一带一路"沿线的境外经贸合作区新格局。

表 4-3　浙江省省级及以上境外经贸合作区名录

序号	名称	投资企业	类别	级别
1	泰国泰中罗勇工业区	华立产业集团有限公司	大型专业型产业园	国家级
2	越南龙江工业园	前江投资管理有限责任公司	大型专业型产业园	国家级
3	俄罗斯乌苏里斯克经济贸易合作区	康吉国际投资有限公司	商贸物流型园区	国家级

序号	名称	投资企业	类别	级别
4	乌兹别克斯坦"鹏盛"工业园	温州市金盛贸易有限公司	加工制造型园区	国家级
5	文莱大摩拉岛石油炼化工业园区	浙江恒逸石化有限公司	专业型产业园	省级
6	北美华富山工业园	华立产业集团有限公司	加工制造型园区	省级
7	中柬国际农业合作示范园区	—	农业产业型园区	省级
8	杭州硅谷协同创新中心	杭州市高科技投资有限公司	科技研发型园区	省级
9	百隆(越南)纺织园区	百隆东方股份有限公司	专业型产业园	省级
10	乌兹别克斯坦农林科技农业产业园	温州市金盛贸易有限公司	农业产业型园区	省级
11	捷克(浙江)经贸合作区	—	商贸物流型园区	省级
12	越美(尼日利亚)工业园	越美集团	加工制造型园区	省级
13	印尼纬达贝工业园	青山企业	专业型产业园	省级
14	塞尔维亚贝尔麦克商贸物流园区	温州外贸工业品有限公司	商贸物流型园区	省级
15	浙江海亮股份有限公司(美国)工业园区	浙江海亮股份有限公司	加工制造型园区	省级

2. 对内加快发展国际产业合作园

国际产业合作园是浙江省新时期建设高质量外资集聚地的重要载体,以重点发达国家及"一带一路"沿线国家为主要合作对象,根据其优势产业和要素资源进行开发建设。从2014年浙江省启动培育"国际产业合作园"计划开始,经过多年实践,省内各地已建有19家国际产业合作园区,覆盖全省10个设区市,涉及10多个合作国家,积累了一批行之有效的经验(见表4-4)。多年的实践证明,国际产业合作园的建设契合了目前国际产业分工的趋势,作为对接国际规则、实现产能合作、促进转型升级的重要平台,有力地推动了浙江经济加速转型升级。

截至2020年年底,浙江全省20家国际产业合作园已成功引进合作国家项目近千个、投资总额超过 90 亿美元。通过国际产业合作园建设，浙江省引进外资项目质量不断提升，蒂森克虏伯、日本电产、锂能沃克斯等一批重大外资产业项目纷纷落户。浙江省商务厅印发《关于加快国际产业合作园发展的指导意见》，对高水平建设国际产业合作园提出具体要求，加快了推进高水平国际产业合作园的建设进程。

表 4-4　浙江省国际产业合作园区名录

序号	名称	序号	名称
1	中意宁波生态园	11	浙江中日（平湖）产业合作园
2	中澳现代产业园（舟山）	12	浙江中法（海盐）产业合作园
3	中捷（浦江）产业合作园	13	浙江中韩（衢州）产业合作园
4	新加坡杭州科技园	14	浙江中丹（上虞）产业合作园
5	浙江中瑞（萧山）产业合作园	15	浙江中德（台州）产业合作园
6	宁波北欧工业园	16	浙江中以（余杭）产业合作园
7	温州韩国产业园	17	浙江中捷（宁波）产业合作园
8	浙江中德（长兴）产业合作园	18	浙江中韩（吴兴）产业合作园
9	浙江中德（嘉兴）产业合作园	19	浙江中美（湖州）产业合作园
10	浙江中荷（嘉善）产业合作园	20	舟山航空产业园

数据来源：浙江省商务厅。

3. 创新打造功能突出的特色园区

"一带一路"倡议推行下，境外并购已经成为企业应对国际贸易摩擦、提升跨国经营能力、实现国际产能合作的重要途径。2019 年 3 月，浙江省政府办公厅正式下发《关于同意设立浙江（新昌）境外并购产业合作园等 3 家产业合作园的复函》，同意设立浙江（新昌）境外并购产业合作园、浙江（台州）境外并购产业合作园以及浙江（义乌）境外并购产业合作园等 3 家产业合作园。通过积极开展境外并购产业合作园项目，突出上市企业跨国并购亮点，吸引高质量境外并购项目回归发展，构筑既能与国际产业合作对接，又能吸引国内高端产业聚集的高能级、高层次的开放平台。以浙江（新昌）境外并购产业合作园为例，新昌境外并购产业合作园已集聚了万丰奥特、三花智控、京新药业、美力科技等知名上市企业。2016 年万丰奥特收购了加拿大镁瑞丁，此后将镁瑞丁的镁合金项目引入新昌。2017 年全球轴承领导企业

SKF 集团也将项目落户园区，投资 1.2 亿美元的球轴承生产基地和研发中心项目正在建设中。通过境外并购产业合作园的建设，新昌将依托现有的产业基础，推动本地优势产业向国际性产业集群提升，进一步融入国际产业链。

（三）以国际化的现代物流为枢纽

2018 年浙江省政府制订了《浙江省打造"一带一路"枢纽行动计划》，该计划以宁波舟山国际枢纽港为核心，通过融合推进海港、空港、陆港、信息港"四港"发展，为浙江省的国际产能合作开展打造辐射全球的国际现代物流体系。

1. 以宁波舟山港为核心，推动浙江海港建设世界级港口集群

随着"一带一路"倡议的提出，中国对"一带一路"沿线国家和地区的投资额持续增长，以宁波舟山港为核心的浙江港口建设通过完善港口设施和多式联运网络，增强国际大宗商品储运中转和集装箱运输服务优势，加快推进沿海港口一体化，合力建设世界级港口集群进程。宁波舟山港作为浙江港航强省的主阵地，地处"丝绸之路经济带"和"21 世纪海上丝绸之路"两翼的交汇点，具有连接东西、辐射南北、贯穿丝路两翼的优势，可有效衔接中西部广大腹地区域与"一带一路"沿线国家和地区。宁波舟山港 2020 年完成货物吞吐量 11.72 亿吨，同比增长 4.7%；完成集装箱吞吐量 2872 万标准箱，同比增长 4.3%，运输生产实现了逆势增长，货物吞吐量连续 12 年保持全球第一，集装箱吞吐量继续位列全球第三。面对"一带一路"机遇，宁波舟山港凭借独特的地理区位优势和浙江自贸区政策红利，努力提升在国际港航合作中的参与度和影响力，实现从"开放大港"向"开放强港"转型，打造成国际港航物流、国际贸易交易、国际产能合作以及国际航运服务等四大枢纽。

2. 建设义乌国际陆港

义乌作为浙江省唯一一个国际陆港城市，要通过提升义乌陆港国际化综合服务水平，使其成为设施联通、信息互通、货物畅通的海陆内外联动的战略枢纽。目前，在铁路口岸服务方面，义乌的铁路国际货运通道有义乌—宁波舟山港海铁联运班列和"义新欧"中欧班列。义乌—宁波舟山港海铁联运班列运行于"义甬舟开放大通道"，以常态化满轴运转方式连接义乌与宁波舟山港，并通过宁波舟山港与"21 世纪海上丝绸之路"无缝衔接，构筑了东西双向互联互通物流大通道。义乌—宁波舟山港海铁联运

线路覆盖城市已从 2013 年的 14 个增长至近 50 个，宁波舟山港目前已成为中国南方海铁联运业务量的第一大港。而"义新欧"中欧班列也已实现双向常态化运行，目前平台已开通运营线路 16 条，辐射欧亚大陆 50 个国家和地区，到达境外站点 101 个，开行总列数超过 3200 列，实现丝路沿线主要贸易国家与地区的全覆盖。在以"一带一路"建设为重点的背景下，建设义乌国际陆港已成为开展国际产能合作的重要枢纽。

3. 建设国际航空枢纽港

浙江省政府通过在杭州建设国际门户枢纽机场，提高宁波、温州两地机场国际化水平，构建通达"一带一路"沿线国家和地区的航空运输网络。2017 年，杭州萧山机场正式开通杭州—新西伯利亚航线，作为浙江省首个空中"一带一路"项目，新航线的开发推进了"一带一路"建设形成"海陆空网"立体式推进的新格局，有助于进一步增强浙江向欧洲地区开展产能合作的竞争力，从而提升浙江在"一带一路"倡议中的重要性。目前，全省机场共有国际航线 94 条，地区航线 18 条，2018 年新开通莫斯科、纽约等远程洲际客运航线，宁波至柬埔寨以及南美货运包机航线等。

4. 打造"一带一路"信息港

随着互联网信息技术的不断发展与广泛应用，大数据、云计算等信息化建设对于开拓"一带一路"产能合作的作用日益显现。打造"一带一路"信息港，构建"一带一路"信息通道，加强信息服务与安全建设，将有力推动"一带一路"国际产能合作的开展。近年来，浙江省政府积极推动与"一带一路"沿线国家和地区的信息走廊建设，加强对"一带一路"国际产能合作重点项目的统筹管理和信息归集，并及时发布境外的投资环境、产业发展政策、市场需求等重要信息，为企业"走出去"提供全方位的综合信息支持服务。

（四）以逐步完善的经贸合作为保障

为更好地实施国际产能合作，浙江省近年来逐步完善了与省内经贸合作关系紧密的"一带一路"沿线地区的合作，通过制订经贸合作行动计划、发布合作倡议、打造合作平台，为国际产能合作的推进提供坚实的制度保障。

1. 发布《浙江省加快推进对非经贸合作行动计划》

2019 年浙江省政府发布了《浙江省加快推进对非经贸合作行动计划》。该计划作为全国范围内率先推出的地方对非经贸合作计划，进一步明确了浙江未来对非经贸合作的总体思路、主要目标、重点举措和保障体系。首届中国—非洲经贸博览会上，浙江有 7 个案例入选《中非经贸合作案例方案集》。中国对非投资额从 2019 年的 27.1 亿美元逆势增长至 2020 年的 29.6 亿美元。目前非洲已成为浙江外贸进出口重要的新兴市场以及浙江企业"走出去"和开展产能合作的重点地区（表 4-5）。

表 4-5　中国—非洲经贸博览会浙江省入选案例清单

序号	案例名称	单位
1	卢旺达世界电子贸易平台项目案例	阿里巴巴集团控股有限公司
2	埃及年产 20 万吨玻璃纤维生产基地案例	巨石集团有限公司
3	浙江米娜纺织埃塞俄比亚 Arbaminch 印染厂案例	浙江米娜纺织有限公司
4	马拉维 KS 项目建设案例	浙江交工集团
5	贝宁中国经济贸易发展中心项目	浙江天时沃力投资管理有限公司
6	刚果（金）华友刚果现代农业示范园区项目	浙江华友钴业股份有限公司
7	尼日利亚 JOGANA 工业园 17MW 重油电站	宁波中策动力机电集团有限公司

2. 发布《海丝港口合作宁波倡议》

2018 海丝港口国际合作论坛期间，中国与埃及、斯里兰卡、阿联酋、新加坡等 13 个国家 33 个来自政府交通和海关等机构，重要港口企业、港务管理局和码头运营商的代表共同成立"海上丝绸之路"港口合作机制并发布《海丝港口合作宁波倡议》。该倡议指出，各方将以海丝港口国际合作论坛为平台，在港航政策、规划、建设、运营等方面进行深度交流与合作，不断提升港口服务能力和服务质量，实现港口之间物流和信息的无缝衔接，促进海上供应链的互通互联。另外，2018 年 11 月，浙江海港集团、宁波舟山港集团与西班牙阿尔赫西拉斯港务局签署谅解备忘录，双方将在港口业务开发、智慧港口、环境保护、安全保障、港城联动等领域开展广泛合作，这将进一步提升浙江在国际航运中的地位。

3. 打造地方经贸合作平台

加快推进中国（浙江）自由贸易试验区、中国（杭州）跨境电商综试区、宁波"一带一路"建设综合试验区、"16+1"经贸合作示范区、浙江（青田）华侨经济文化合作试验区等经贸合作平台的建设工作。把经贸合作平台建设作为国际产能合作开展的重要内容,积极与沿线有关国家和地区发展新的自由贸易关系。浙江与捷克签署的系列合作备忘录、浙江—新加坡经贸理事会、越南在浙江设立的贸易促进办公室等合作机制都在政府层面促进了浙江与"一带一路"沿线的重要节点国家在经济贸易领域的合作。另外,通过举办浙江—印度尼西亚投资与国际产能合作推介会、承办中国—中东欧国家博览会等经贸合作活动,推动区域经济一体化发展。

（五）以多维度的促进措施为推手

1. 组织推进重点合作项目

通过综合利用政策性、商业性资金,推动重点合作项目建设取得积极进展。"一带一路"捷克站项目、"一带一路"迪拜站项目、埃及玻纤生产基地项目、刚果（金）铜钴矿区项目、尼泊尔水泥生产线项目、泰国精密铜管智能制造项目正在有序推进,其中建设"一带一路"迪拜站入选第二届"一带一路"国际合作高峰论坛成果清单。

2. 合作开发国际资源能源

国际能源合作是国际产能合作的重要内容,也是"一带一路"倡议的重点发展领域。首先,浙江作为能源消费大省,近年来顺应全球能源发展潮流,借助中国（浙江）自由贸易试验区的新机遇,通过打造国际油品交易中心、国际油品储运基地、国际石化产业基地、国际海事服务基地、大宗商品跨境贸易人民币国际化示范区,积极融入世界油气新格局,油气贸易发展迅速,油气全产业链迅速推进。其次,扩大与东南亚、拉美、非洲等地区在铁、铬、钴、钾盐、铝矾土等矿产资源方面的合作开发,支持有实力的企业参与建立一批重要资源开发供应基地。在市场需求大且资源条件好的国家,开展能源资源的上下游精深加工,延伸产业链。2018 年,浙江华友钴业股份有限公司投资 1.5 亿元于刚果（金）,投资开采铜矿项目。另外,鼓励具有产业优势的光伏发电、风电、清洁煤电、智能电网等产业走出去,加强在周边新兴大国以及"一带一路"沿线国家布局新能源研发和产业基地。

3. 积极推动第三方市场合作

第三方市场合作是国际产能合作的新模式,是在遵循互惠互利、开放合作的原则下,结合各自的产业互补优势,将中国的优势产能、发达国家的先进技术和广大发展中国家的发展需求有效对接。在第三方市场合作下,政府鼓励和支持企业组建联合生产、联合体投标、联合投资等新型合作模式开展合作，加强产业上下游整合力度，开展全产业链深度合作，实现 1+1+1>3 的效果。目前，中国政府已同法国、加拿大、日本、意大利等国以及相关国际组织签署"第三方市场合作"文件，并与有关国家推动设立了"第三方市场合作"基金。大力拓展第三方市场合作将是推动国际产能合作高质量发展的重要方向。浙江作为对外开放大省，在尊重作为第三方市场的发展中国家意愿的前提下，浙江企业与有关发达国家合作投资发展中国家的基础设施、能源、交通等领域，实现多方互利共赢。

4. 鼓励支持有实力的民营企业"走出去"

浙江的民营企业机制灵活、投资活跃，抱团发展国际产能和装备制造合作，涌现出了一批成功企业，已经成为开拓国际市场和推进国际产能合作的主力军。近年来，已在东南亚、中亚等国家和地区建成或在建一批重点项目，其中石化、钢铁、水泥、有色金属等行业已成为浙江民企开展国际产能合作的重点领域，并逐步向新能源、高端装备制造业等领域拓展。2018 年，巨石集团埃及年产 20 万吨玻璃纤维生产基地全面建成投产，这一总投资超 6 亿美元的国际产能项目，是目前中国在埃及实体投资金额最大、技术装备最先进、建设速度最快的工业制造类项目，对中国玻璃纤维工业的国际化具有里程碑式的意义。

二、浙江装备制造国际产能合作成果

近年来，浙江省对外直接投资规模和增长速度趋于稳定增长态势。浙江省商务厅数据显示，2020 年全省经备案、核准的境外企业和机构共计631 家，境外直接投资备案额 719.7 亿元，主要涉及制造业、科技研发等行业，覆盖近 150 个国家和地区。浙江省发展和改革委员会、省商务厅共同发布《浙江省企业境外投资指南》，鼓励浙江企业在"一带一路"沿线国家基础设施互联互通、国际产能合作、高新技术领域合作、服务业合作、农业对外合作、能源资源勘探和开发、境外投资平台等七大领域开展境外投资。其中，石化、钢铁、建材、高端装备制造等行业是浙江企业开展国际产能合作的重点领域，近年来已取得初步成果。

（一）钢铁产业

钢铁行业是浙江推进国际产能合作的重点领域之一。经过改革开放以来特别是近十多年来的发展，浙江钢铁行业整体技术水平不断提升，在装备制造、工艺技术、节能环保等方面具有较高水平。2016 年浙江省人民政府办公厅发布《浙江省钢铁行业化解过剩产能实现脱困发展实施方案》，鼓励本省钢铁企业开展产能合作，积极有效化解省内钢铁行业过剩产能，实现浙江钢企转型升级。近年来，凭借优势产能的积累，浙江钢铁企业以合作对象国的经济发展和市场需求为导向，以对外投资（建厂和并购）为重点，通过装备、技术、管理和服务全体系合作，积极展开与东道国钢铁业生产能力新建、转移和提升的国际合作。在国际产能合作过程中，一批谋求转型升级的示范性浙江钢铁企业不断涌现。作为不锈钢产量居全球首位的民企，青山控股集团有限公司自 2013 年在印度尼西亚建设青山工业园伊始，短短 5 年时间就建成印尼规模最大、发展最成熟的镍铁冶炼厂。中国所倡导的国际产能合作并非向他国出口过剩产能，而是主张把中国的优质产能和优势装备，同广大新兴市场国家和发展中国家的城市化、工业化需求对接起来。青山控股作为中、印尼两国国际产能合作的践行者和成功典型，积极顺应印尼增加矿产品出口附加值、促进加工产业发展的目标，建成"镍矿开采—镍铁冶炼—不锈钢冶炼—不锈钢热轧加工"的完整产业链。在中国设备和工艺的帮助下，印尼青山工业园区目前已建设成为年产 300 万吨不锈钢生产能力的产业基地，印尼不锈钢产能跃居全球第二。

（二）建材产业

建材行业作为浙江省传统优势产业，是重要的原材料产业。当前浙江省建材产业在形成一定规模优势、技术优势和产能优势的同时，面临新兴产业发展不足，结构性矛盾日益凸显，转型升级需求强烈等问题。"十三五"时期以来，浙江省着力化解建材工业过剩产能，加快淘汰落后产能，努力实施品牌战略，推进企业转型升级。2016 年，浙江省人民政府办公厅印发《关于促进建材工业稳增长调结构增效益的实施意见》，支持建材企业积极开展国内外产能合作，推动本省建材工业向高端化、智能化、绿色化、开放化方向发展。这既是开发行业需求、开拓发展空间、增加经济增长点的有效途径，也是新时期建材产业转型升级的必然需要。近年来，浙江建材企业认真贯彻党中央、国务院的决策部署，结合深入实施《中国制造 2025 浙江行动纲要》，以创新、协调、共享的发展理念积极融入国际产能合作的浪潮中。一方面，以境外经贸合作区建设为载体推动建材产业的国际产能合作。浙江建材企业将国际产能合作倡议与合作国发展规划对接,在乌兹别克斯坦、泰国等符合国家"一带一路"建设及建材产业"走出去"的重点目标国家,建设集约化、绿色化的境外经贸合作区,引进浙江省玻璃、建筑卫生陶瓷、新型建材等优势企业,带动工程承包及配套服务企业"走出去",打造建材产业国际产能合作新标杆。另一方面,以扶持和培育大型集团型企业和行业领军企业为重点,通过大企业引路、强强联合或以大带小,不断拓展合作市场、扩大合作规模、提升建材产业国际产能合作水平。2018年8月,浙江省"一带一路"建设重要成果——巨石集团埃及年产20万吨玻璃纤维生产基地全面建成投产。该项目为埃及当地直接创造2500个就业岗位,实现年产值超过2.2亿美元;同时,有效拉动了当地上游物流运输、矿产开发和包装材料制造等产业的发展,以及下游玻纤织物、风力发电等复合材料应用产业的快速发展。

(三)石化产业

浙江作为传统石化产业大省,近年来转型升级步伐加快,总量规模位居全国前列,产业结构持续优化,节能减排取得积极成效,但仍面临中高端产品较少、自主创新能力不强等问题。2017年8月,浙江省人民政府办公厅印发《关于石化产业调结构促转型增效益的实施意见》,鼓励浙江石化企业结合"一带一路"倡议,抓住"一带一路"沿线国家和地区对石油化工的需求,充分发挥浙江省传统石化产业的比较优势,积极推动优势产业开展国际产能合作。通过建设海外石化产业园区,推动链条式转移和集约化发展,带动相关技术装备与工程服务"走出去"。近年来,浙江石化企业与国外政府、机构积极开展合作,重点建设东南亚石化产能合作基地与产业园区。2017年,浙江恒逸石化有限公司和文莱政府合资建设文莱大摩拉岛石油炼化工业园区,总投资超过30亿美元,是文莱迄今最大的海外实业投资,也是中国民营企业海外最大的投资建设项目。另外,浙江石化行业以舟山自由贸易港区的建设为契机,推动有实力的石化企业开展多种形式的国际产能合作。2019年2月,沙特阿美与浙江石化相关方签署了三份谅解备忘录,扩大其在浙江的石化产业链业务。第一份合约为沙特阿美与舟山市政府签订的拟收购浙江石化9%的股权;第二份合约是沙特阿美与浙江石化的另外三家股东荣盛石化、浙江巨化投资以及浙江桐昆投资签署的提供长期原油供应协议;第三份合约是沙特阿美与浙江能源集团签署的对有关成品油零售网络的投资。深度开展的国际产能合作将积极推动浙江石化企业参与全球石化产业结构调整，拓展全球石化产业链。

（四）汽车制造产业

汽车制造产业是拉动浙江工业增长的主要动力。作为全球汽车产业制造版图的重要一环，浙江既有中国民族整车汽车品牌吉利汽车，更有面大量广的汽车零部件生产企业，为全球汽车品牌提供优质的零部件。近年来，浙江汽车制造业积极融入全球价值链，整合全球范围内的资源、人才、技术和品牌，进一步推进国际化发展，不断深化国际产能合作。在汽车整车制造领域，浙江支持领军型企业面向全球市场积极开展收购与合作战略，引进先进技术、扩大品牌影响力、扩充生产体量，迅速提升国际化水平。中国民族汽车品牌浙江吉利控股集团通过海外投资、并购实现研发、设计、采购、制造、营销等整个价值链的全球化发展，实现迅速向全球公司转型的目标。浙江吉利控股集团有限公司收购戴姆勒股份项目、收购沃尔沃集团部分股权项目、在白俄罗斯投资 CKD 汽车合资项目都纷纷成为浙江装备制造业开展国际合作的标志性战略成果，为全省乃至全国装备制造业转型升级和企业全球化发展打造业内标杆。在汽车零配件产业领域，浙江的汽车零配件产业作为浙江国际化程度最高的工业门类，广泛参与全球汽车产业竞争，目前已成为全球汽车产业链条的重要一环，先后涌现出了万向、亚太、均胜电子等行业龙头企业。以宁波均胜电子股份有限公司为例，作为中国优秀的高速成长型汽车电子供应商，均胜电子近年来以加快产业结构升级、提升核心竞争力为目标，通过海外并购、跨国投资等方式成为全球高端制造业汽车零部件的隐形巨头。

（五）航空制造产业

浙江省重点聚焦航空领域的产业培育，以航空整机制造、航空关联制造、航空服务"三位一体"的航空全产业链为出发点，以市场培育为着力点，依托现有产业基础及产业优势，围绕航空整机制造项目，重点发展航空关键零部件制造产业，推动发展航空配套制造产业。近年来，浙江先后引进了波音 737 飞机完工和交付中心、台州彩虹无人机、飞瑞航空华东通航产业基地等一批重大产业项目。浙江已形成以波音项目为载体、航空机场网络布局为基础、航空产业园和航空特色小镇为重要抓手的航空产业格局。为深入贯彻落实国家航空产业发展战略规划，浙江高度重视航空产业的顶层设计，相继出台了《浙江省航空产业"十三五"发展规划》、《关于加快通用航空业发展的实施意见》等政策措施，鼓励浙江企业对标国际一流航空制造公司，积极推进航空产业领域的全球合作。2017 年波音公司收购海外工厂入驻舟山，万丰航空正式收购钻石飞机工业公司，西子航空相继成为波音、空客等全球航空巨头主流客机等供应商，越来越多的浙江航空企业走出国门，参与世界合作。以万丰航空为例，其从 2014 年起着手布局通用航空产业，融入"一带一路"建设，短短数年内相继收购了加拿大 DFC 航校、捷克 DF 飞机制造公司、加拿大钻石飞机制造工业公司。万丰已形成飞机制造、机场建设及管理、通航运营、航校培训、飞行服务站建设的完整产业链，成为国内通航产业的领跑者，引导更多的浙江民企切入航空制造这一高精尖制造领域，不断提升浙江高端制造业水平。

三、浙江装备制造业产能合作案例——吉利汽车的全球化之路

1997 年进入汽车行业的浙江吉利控股集团是中国首家民营汽车制造企业。在 20 年的发展历程中，吉利集团快速地向全球公司转型，通过海外并购等方式全面融入全球价值链，整合全球范围内的资源、人才、技术和品牌，实现研发、设计、采购、制造等整个价值链的全球化。从当初几乎不掌握核心技术到如今全球布局的研发设计体系，从籍籍无名的中国民营汽车公司发展成为世界 500 强公司之一，吉利集团创新了转型升级的发展路径与模式，成为目前业务覆盖世界大多数国家和地区的全球型企业集团。近年来，吉利控股集团在这幅"一带一路"的"大写意"上，精心绘制"工笔画"，实现全球范围内的产能合作共赢。

（一）北至白俄罗斯，助力白俄实现民族汽车梦

吉利参与合资的"白俄吉利 CKD 工厂"是中国与白俄罗斯的首个汽车合资项目，也是白俄罗斯国内目前唯一运营中的乘用车生产企业。该项目于 2015 年 5 月开工建设，2017 年 7 月竣工投产，总投资 3.29 亿美元。作为白俄罗斯第一条现代化汽车生产线，在不到 30 个月的时间里，吉利就完成了涂装、焊装、总装全套工艺及辅助设施的工厂建设。"白俄吉利CKD 工厂"项目是中白两国在"一带一路"框架内开展互利共赢合作的

典范。中国汽车企业提供技术支持人员、管理经验和生产方式，白俄罗斯提供税收、土地等优惠政策减少工厂生产成本，提高汽车销售量，扩大市场份额。面对白俄罗斯正在进行的现代化建设机遇，"白俄吉利 CKD 工厂"项目积极发挥比较优势，深度参与当地工业化，实现中国汽车产业全球化战略布局。

（二）西至英国，重塑英国百年经典出租车

2013 年吉利全资收购伦敦出租车公司（现名为伦敦电动汽车公司），目前已投资超过 20 亿元人民币用于建设安斯蒂工厂和吉利英国前沿研发中心。安斯蒂工厂是近十多年来在英国建设的首个全新整车生产基地，该工厂采用沃尔沃汽车成熟的电动化动力总成系统，生产专供欧洲市场的新能源车型。2017 年首批下线的新一代伦敦出租车 TX5 正式在英国上市，并登陆国际市场。伦敦出租车业务的持续发展证明中英两国拥有巨大的互利共赢的合作空间。一方面，整个项目的建成为当地创造了千余个直接工作岗位，同时还通过提高英国和欧盟的零部件供应商比例，带来数百个其他工作岗位，为英国政府带来了更多就业与税收。另一方面，英国在新能源汽车领域的研发和人才优势也为中英经贸合作做出了积极的贡献。

（三）南至马来西亚，振兴马来民族品牌

2017 年，吉利控股集团斥资 12 亿元人民币与马来西亚 DRB－HICOM 集团签署协议，收购宝腾控股 49.9％的股份。2018 年，首款新车宝腾 X70 在吉隆坡正式上市，成为马来西亚最畅销的 SUV 车型。通过技术、产品、管理的输出，吉利集团全面提升了宝腾的产品创新能力、零部件配套体系建设能力和人才技能水平，顺利提速了宝腾的品牌转型升级，帮助宝腾在东盟乃至全球市场有了更好的发展。与此同时，宝腾在技术、渠道、服务、供应商体系的建设，吸引了一批中国领先的汽车零部件供应商在马来西亚长期发展，实现了中马汽车制造产业的合作共赢，为其他"一带一路"项目起到了重要的示范作用。

（四）西北至瑞典，振兴北欧荣耀品牌

2010 年 8 月，吉利集团出资 18 亿美元正式完成对瑞典沃尔沃汽车的收购，包括 100％的股权以及相关资产（包括知识产权）。通过近 10 年的消化和整合，吉利集团和沃尔沃在汽车整车制造产业领域交出了一份亮眼的成绩。2018 年沃尔沃全球销量突破 60 万辆，创造了品牌历史的新高，带动了瑞典的出口经济和瑞典西部的经济增长，为瑞典创造了大量的就业机会。而在收购后，沃尔沃世界顶尖的设计和工程师为吉利汽车的车辆研发带来了百年欧洲车企在造车实践中的技术和经验总结，吉利汽车的底盘、动力总成等技术也在稳健提升。另外，2017 年吉利集团在瑞典哥德堡筹建吉利欧洲创新中心，整合了吉利集团新的造型设计、动力总成、整车研发以及中欧汽车技术中心（CEVT）。此次合作作为吉利集团全球化布局的重要节点，不仅符合哥德堡经济快速发展的需求，也对驱动当地创新能力建设具有重要意义。

第三节　浙江省装备制造业开展国际产能合作优势

习近平总书记指出，装备制造业是制造业的脊梁，要把装备制造业作为重要产业，加大投入和研发力度，奋力抢占世界制高点、掌控技术话语权，使我国成为现代装备制造大国和强国。"十三五"期间，浙江省装备制造业规模效益持续增长，总产值成功跨越 3 万亿元，实现工业增加值 7381 亿元，占规上工业比重达到 44.2%，较 2015 年提高 8 个百分点。步入增长快车道的装备制造业，有力支撑了浙江省制造业高质量发展和制造强省建设。依托自身所具备的产业优势，浙江省目前形成了具有自身特点和一定规模的装备制造产业体系，对国际产能合作的开展产生了重要影响。

一、产业基础雄厚且集群程度较高

继 2020 年浙江省规上装备制造业总产值突破 3 万亿元后，2021 年浙江规上装备制造业总产值又一举突破 4 万亿元，实现总产值 40295 亿元。其中，高端装备制造业实现总产值 21130 亿元，首次突破 2 万亿元。浙江规上装备制造业两年内实现增加值 9073 亿元，两年平均增速 14.1%，对全省规上工业增加值贡献率达 58.7%，高于全国并领先国内装备制造业强省。产业结构方面，浙江省规模以上装备制造业的各个细分行业发展趋势积极向好，近两年分别达到两位数的增长率。产业雄厚的装备制造业是浙江省开展国际产能合作的坚实基础。

（一）产业规模稳步提升

1. 产业总值及占比

2015—2020 年，浙江省装备制造业产业规模稳步增长，规模以上装备制造业的总产值由 2015 年的 23507 亿元上升至 2020 年的 31802 亿元，增长了 35%；且在全省规模以上工业总产值的比重也提升明显，由 2015 年的 35.09% 上升至 2020 年的 42.44%，较 2015 年提高 7.35 个百分点，全省装备制造业产业总值规模和在规上工业中的比重均实现稳步提升，如图 4-2 所示。

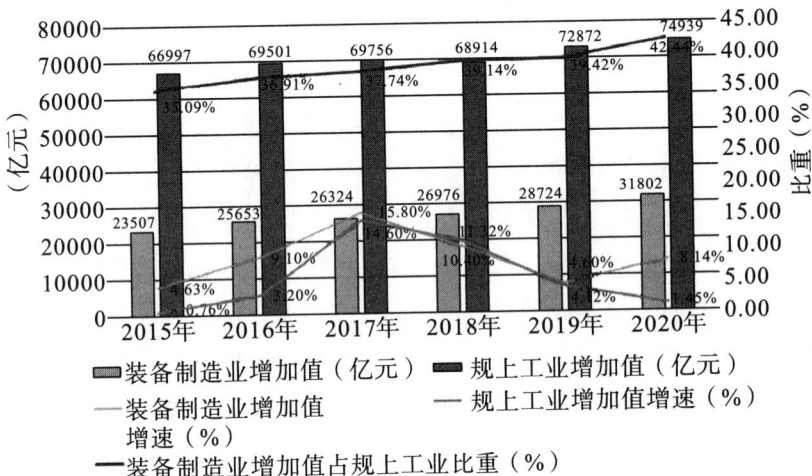

图 4-2　浙江省装备制造业与规上工业的总产值增速及比重（2015—2020 年）

2. 产业增加值及占比

2015—2020 年，浙江省规模以上装备制造业的增加值由 2015 年的 4856 亿元上升至 2020 年的 7381 亿元，增长了 52%；装备制造业增加值占规上工业比重也从 2015 年的 6.30% 上升至 44.16%。2020 年，全省装备制造业规模以上增加值同比增长 10.80%，高出全国增速（6.6%）4.2 个百分点，与国内装备制造业大省相比，增速位列第二，分别高出广东（1.8%）和江苏（8.9%）9 个和 1.9 个百分点，仅次于山东（12.6%）1.8

个百分点，对全省规上工业增长贡献率达到79.88%，如图4-3所示。

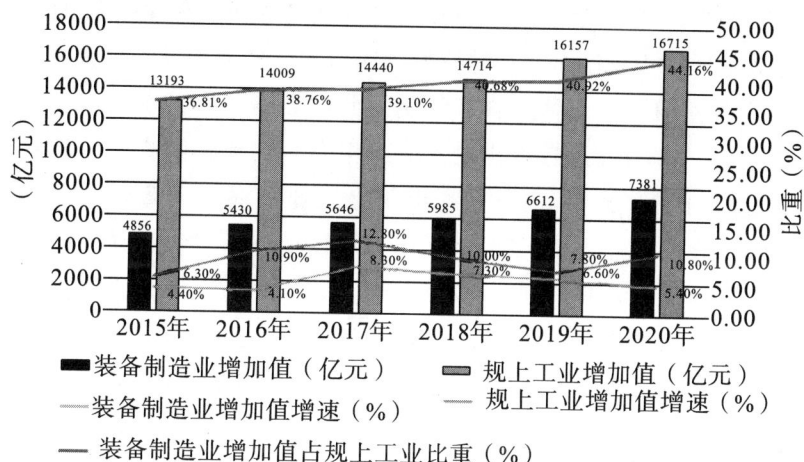

图4-3　**浙江省装备制造业与规上工业的增加值增速及比重**（2015—2020年）

3. 企业数量及占比

从企业数量来看，浙江省装备制造企业数量逐年增加。2020年，全省规模以上装备制造业企业有20617家，相比2015年的16033家增长了37.14%；在全省规模以上工业企业的占比从2015年的39.9%提升至2020年的44.23%，如图4-4所示。

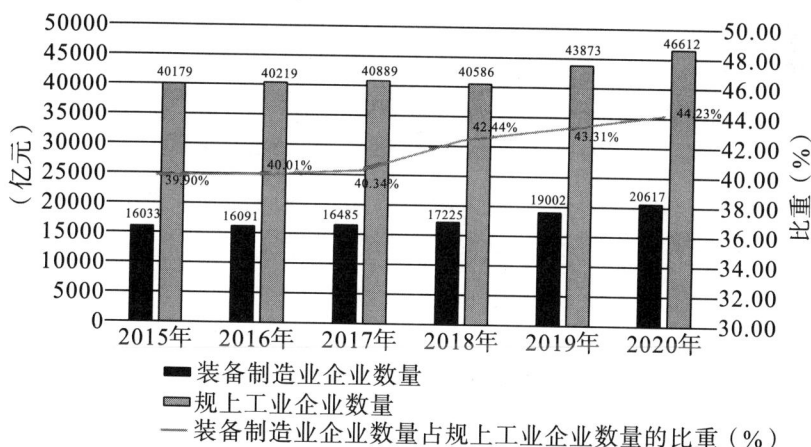

图4-4　**浙江省装备制造业企业数量及占比**（2015—2020年）

4. 经济效益方面

在产业运行上，浙江省装备制造业近年来总体经济运行情况平稳。

2020年，浙江省装备制造业规上企业营业收入同比增长8.42%，其增速较规上工业高6.42个百分点，其中专用设备制造业，铁路、船舶、航空航天和其他运输设备制造业，计算机、通信和其他电子设备制造业，仪器仪表制造业等细分行业营业收入均实现两位数增长；营业成本26956亿元，同比增长8.34%，与营业收入增速相当。在利润创造上，装备制造业利润总额同比增长20.66%，高出规上工业利润增速5.96个百分点，其中仪器仪表制造业、汽车制造业等6个细分行业高于规上工业营业收入利润率。总体来看，装备制造业利润增速高于营收增速，产业效益水平进一步提高。以上数据显示，近十年来浙江装备制造业的发展规模一直在持续扩大，其对浙江工业经济的增长也在起着日益增强的支撑作用。

（二）产业集群程度较高

产业集群作为极具特色的企业群体空间组织形态，是全球多个国家区域经济发展的拉动引擎。在浙江，产业集群发展的装备制造业引领着全省工业经济的快速发展。装备制造业的集聚化发展是浙江工业经济的一大特色和优势，由于浙江特定的区位条件、人文传统、经济发展基础、体制环境等因素，装备制造业集聚既有一般产业集群的共性，又有浙江经济的个性，走在了全国前列。浙江装备制造产业对标国际先进水平，以培育世界级先进装备制造业产业集群为目标，重点培育数字安防、汽车制造、高端装备等战略性新兴产业集群。

2021年，浙江出台《全球先进制造业基地建设"十四五"规划》（以下简称《规划》），从总体要求、发展重点与空间布局、主要任务和保障措施等方面，部署了全省制造业高质量发展的蓝图。《规划》提出要培育"415"产业集群，即打造新一代信息技术、汽车及零部件、绿色化工、现代纺织和服装等4个世界级先进制造业集群以及软件与信息技术服务、智能电气、智能家电、生物医药、智能装备、光电通信、光伏新能源、特种材料、现代五金、先进基础件、高端橡塑、时尚文体、现代家具、智能电机、动力电池等15个优势制造业集群。另外，在空间上浙江构建"双核一带一廊"框架，联动海洋强省建设，形成全省全域陆海统筹发展新格局。其中，"双核一带一廊"即以杭州、宁波为两大核心引领极，联动环湾区（温州、湖州、嘉兴、绍兴、舟山、台州等）沿海产业带和金（金华）衢（衢州）丽（丽水）绿色经济走廊。

2021 年 3 月，工业和信息化部围绕新一代信息技术、高端装备、新材料、生物医药等重点领域，遴选出两批共计 25 个先进制造业集群作为重点培育对象参与全球竞争与合作。温州市乐清电气集群作为高端装备产业领域名列其中。温州市乐清电气产业已成为国内低压电气产业规模最大、企业数量最多、产业链配套最全、开放合作程度最高的产业集群，覆盖电力能源输电、变电、配电 200 多个系列、6000 多个种类、2.5 万个型号产品，低压电气占全国市场份额 65％以上，中高压成套设备、智能电网、传感器等数字化产品领域快速发展。2020 年，乐清电气产业实现规上增加值 172.79 亿元，同比增长 7.4％，占整个工业的 55.7％，规上电气利润总额 79.01 亿元，同比增长 62.5％。

二、产业创新投入大且创新效果突出

面对国内外风险挑战明显上升的复杂局面，浙江装备制造业坚持创新发展理念，不断加大创新投入，优化产业结构，培育新增长点，产业规模稳步增长、创新动力不断增强，取得了一系列可观成就，有力支撑了本省工业经济的高质量发展。从企业研发费用支出来看，浙江装备制造业创新投入保持增长。浙江省规模以上装备制造业企业在 2020 年投入的研究与开发（R&D）费用支出 1186 亿元，首次突破千亿元，同比增长 18.4％。研究与开发（R&D）费用总额占规上工业 R&D 费用支出的 58.37％，占营业收入比重达到 3.59％，高出规上工业（2.62％）0.97 个百分点。另外，从装备制造业新产品产值来看，2020 年浙江省规模以上工业完成了 39.03％的新产品产值率，而装备制造业的新产品产值率达到了 52.00％，高出规上工业新产品产值率 12.97 个百分点，略胜于全省规上工业水平。并且，截至 2020 年，浙江省装备制造业有 71 家国家级企业技术中心，10 家省级制造业创新中心，分别占全省全部数量的 58.7％和 66.7％。从产业创新发展领域来看，浙江装备制造业在核心技术、关键设备上涌现了一批创新成果。

首先，重大装备取得突破。2020 年，全省新增首台（套）装备 216 项，其中 2 项国际首台（套）装备、30 项国内首台（套）装备。截至 2020 年 11 月，全省累计认定 1199 项首台（套）装备，其中国际首台（套）2 项、国内首台（套）80 项，省财政奖励资金达到 5.785 亿元。这些首台（套）装备代表了浙江装备制造业创新发展的最高层次。

其次，一批关键技术问题得到解决。浙江装备制造业引导行业企业加强协同攻关，突破了一批关键核心技术。杭汽轮成功研制的恒力石化大连150万吨/年乙烯装置驱动用工业汽轮机，成为国际首家150万吨乙烯三机驱动用汽轮机制造厂家，为目前全球驱动用工业汽轮机之最。该产品的成功产业化应用，是我国超大型乙烯装备国产化的重大技术突破，意味着国产工业驱动用汽轮机的设计制造水平已经达到全球顶尖水平。

最后，重大产品获得推广。通过首台（套）保险补偿政策和"政采云"平台，推动企业打破国外产品垄断，扩大国产设备的市场占有率。截至2020年，共支持首台（套）产品保险项目170个，带动106亿元、近万台套装备和40多亿元新材料的推广应用。

三、产能合作基础好且产业特色明显

近年来，浙江省对外经济合作不断加强，实际使用外资金额不断增加，为本省装备制造业的国际产能合作提供了良好的基础。另外，全球基础设施建设迎来发展热潮，发展中国家加速推进工业化的建设浪潮，为浙江特色装备制造产业提供了"走出去"的广阔市场空间。

（一）浙江实际使用外资情况持续向好

"十三五"期间，浙江省实际利用外资656亿美元，比"十二五"增加181亿美元，增长38.1%。在新冠肺炎疫情引发全球经济形势持续低迷的背景下，浙江省利用外资情况实现逆势上扬。2020年，浙江新设外商投资企业2821家，合同外资351.0亿美元，实际使用外资首次突破150亿元，达到157.8亿元，创历史新高。从增量上看，2020年浙江省实际使用外资比上一年增加了22.2亿美元，贡献全国35.6%的增量，拉动全国增长1.6个百分点，占全国的份额超过1/10，达到全国份额的10.9%。目前，浙江实际使用外资规模已攀升至全国第五，增速位列沿海主要省市第二。

一方面，投资结构不断优化。2020年，浙江省高技术产业实际使用外资稳步增长，达到70.7亿美元，同比增长74%，占浙江全省实际使用外资的46.1%，较去年同期提升14.9个百分点。高技术制造业实际使用外资分别同比增长 45.2%。其中，计算机、通信和其他电子设备制造业以及仪器仪表制造业分别增长 112.8% 和 46.8%。

另一方面，投资质量不断提高。2020 年，浙江省引进投资总额超亿美元外资项目 118 个，实际到资 3000 万美元以上项目 117 个，合计金额 101.3 亿美元，同比增长 28.6%。其中，到资 1 亿美元以上项目 24 个，主要投向计算机设备制造、汽车零部件及配件制造等装备制造产业。新设世界 500 强投资企业 11 家，累计已有 187 家世界 500 强企业在浙江省投资企业共 653 家。

（二）"一带一路"建设效应积极带动

据海关数据统计，2020 年浙江省进出口总值 3.38 万亿元，进出口份额首次突破 10%。其中，浙江省对"一带一路"沿线国家累计进出口 1.16 万亿元，占同期全省进出口总额的 34.1%，与 2019 年相比增长 10.7%，高出同期浙江省进出口整体增幅 1 个百分点，高出同期全国对"一带一路"沿线国家进出口平均增速 9.7 个百分点。其中，出口 8355.6 亿元，增长 5%；进口 3220.3 亿元，增长 28.9%。全省主要进出口国家或地区依次为印度、越南、俄罗斯，分别进出口 1041 亿元、1016 亿元、906.4 亿元。"一带一路"建设带动效应持续显现。作为装备制造业大省，浙江制造正在借助"中国制造 2025"，通过"一带一路"上的合作协同，加快本省装备制造产业转型升级。

（三）特色装备制造业产业有效对接

区域经济一体化的发展背景下，全球诸多发展中国家积极推进城镇化进程，加快基础设施建设，拉动国内经济增长，对基础设施和装备制造产业需求强劲。特别是在全球产业链当中，广大发展中国家利用本国低廉的劳动成本和资源成本积极参与全球产业再分工，但由于不少国家还处在工业化初期，建设用装备需求很大。"十三五"以来，浙江大力推动高端装备制造业发展，新能源汽车制造、高档数控机床、现代能源装备等装备制造领域优势显著增强，产业融合发展趋势明显，有效对接了广大发展中国家工业化、城镇化发展对装备制造的产业需求。

1. 数控机床产业

机床作为"工业母机"是机械制造工业中的基本设备，在经济建设中起着重大作用。全国金属切削机床产量排名前十的省份包括浙江省、江苏省、山东省、广东省、安徽省、云南省、辽宁省、陕西省、福建省和湖北省。浙江省数控机床在全国各省市金属切削机床行业中，产值和效益排名位居前列。杭州、嘉兴在国内精密数控机床研发与产业化方面优势明显；宁波的高档数控机床及关键精密零部件具有国内前沿水平；温岭、玉环的中国数控车床产业集群的品牌优势尽显。2020 年，浙江省金属切削机床产量为 11.12 万台，累计增长 22.23％。浙江省将数控机床作为产业基础再造和产业链提升工作的重要内容，高档数控机床产业特色优势鲜明，"专精特"发展趋势明显，在浙江省智能制造装备中占据重要位置。2020 年，浙江省高档数控机床增加值 505 亿元，同比增长超过 20％，高于同期装备制造产业增加值 10 个百分点（图 4-5）。

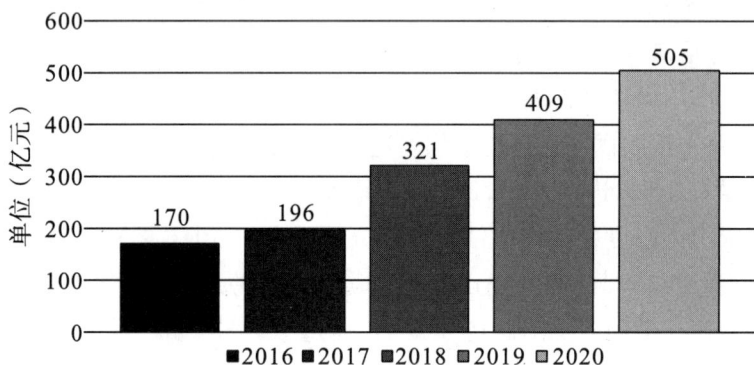

图 4-5　浙江省高档数控机床产业增加值占比图（2016—2020 年）

2. 汽车制造产业

汽车制造产业是浙江省主要的装备制造产业之一，在发展过程中逐步形成了各具特色的产业集群，块状发展特征明显。2020 年，浙江省汽车制造业实现企稳，趋于逐步增长态势，行业主要生产指标平缓回升。全年汽车制造业增加值 1266.2 亿元，同比增长 4.3％，增速较 2019 年提高 3.9 个百分点。销售产值和出口交货值分别为 5098 亿元和 573 亿元，分别增长 3.92％和 8.74％，产销增速进一步提升；产销率 98.88％，同比增长 0.95 个百分点。从整车产销情况看，整车产销分别为 123.71 万辆和 123.94 万辆，均占全国汽车产销的 4.90％。目前已形成杭州、宁波、台州、金华四大重点整车制造基地，同时以新能源汽车制造为主导的温州、湖州、嘉兴整车基地正在加速形成，全省汽车零部件产业群主要分布在杭州、宁波、温州、台州、金华、湖州、嘉兴、绍兴、丽水等地区。

在新能源汽车制造方面，浙江已逐步形成"一湾一带多基地"的新能源汽车空间发展格局。"一湾"指的是环杭州湾汽车产业集群，以杭州湾经济区为重点，集聚国际化的先进制造基地、创新平台、测试中心和高端人才；"一带"指的是温台沿海汽车产业带，以温州、台州等为重点，通过加大科技创新投入，完善配套支撑体系，建成本省新能源汽车产业发展高地；"多基地"指的是多个新能源汽车特色基地，以全省具备新能源汽车产业发展优势的开发区（园区）、"万亩千亿"新产业平台、特色小镇等为重点，培育形成各具特色竞争优势的新能源汽车产业基地。2020年，浙江新能源汽车产量达 7.7 万辆，占全省汽车产量的 6.1％、全国新能源汽车产量的 5.3％；全省共有 12 家新能源汽车整车生产企业，已批复产能 65.4 万辆。

3. 船舶制造产业

"十三五"时期，浙江船舶制造产业通过"三去一降一补"，淘汰和转移造船产能约 500 万载重吨，为产业高质量发展奠定基础，同时，将产品结构向高端市场延伸。目前省内船舶制造业已开发了万箱级集装箱船、7800 车滚装船、3 万立方米 LNG 运输船和一批新能源动力船等高技术船舶以及世界最大的 750 人海工生活平台、大型智能化 SSFF150 单柱半潜式深海渔场"海峡 1 号"。2020 年，浙江省船舶规上船企共完成工业总产值 307.4 亿元，同比增长 12.6％。其中，民用船舶制造产值 124.6 亿元，同比增长 1.1％；船配产值 31.3 亿元，同比增长 11.8％；船舶修理产值 129 亿元，同比增长 38.3％。其中，高端船舶装备领域实现规上总产值 139 亿元，同比增加 8.8％。另外，2020 年全省船舶行业共实现主营业务收入 299.4 亿元，同比增长 22.5％，利润总额 4.2 亿元，扭转 2013 年以来行业连续亏损局面。

四、地方政府积极推进且政策供给升级

装备制造业在浙江经济中的发展至关重要，经过几十年发展，装备制造业作为浙江国民经济增长的主动力，在推进浙江工业化和现代化进程中起到了举足轻重的作用。"十三五"期间，浙江立足装备制造业发展需求，进一步加大政策供给。

2020 年 3 月出台的《制造强省建设行动计划》聚焦装备制造业，实施提高制造业创新能力、提升产业基础能力等九大任务，提出到 2025 年要建成国内领先、具有国际影响力的制造强省。《关于以新发展理念引领制造业高质量发展的若干意见》《浙江省实施制造业产业基础再造和产业链提升工程行动方案》等都将装备制造业作为工作重点。各项政策举措的落实，有力推动了浙江装备制造业创新发展、高质量发展。

（一）财政税费配套政策

浙江省政府推行的财政税费配套政策包含统筹工业和信息化、发展改革、科技等相关财政专项资金，同时充分发挥研发费用税前加计扣除新政引领作用，全面推进装备制造企业发展。

在统筹工业和信息化、发展改革、科技等专项资金方面，加强省级财政专项集成作用。省级整合存量资金 99 亿元，新增资金 20 亿元，集中力量支持制造业高质量发展。全省政府产业基金计划投资 400 亿元以上，重点投向高端装备制造等领域，预计全省可撬动社会投资 2500 亿元。安排省担保集团增资 10 亿元，力争 2022 年再担保业务规模达到 800 亿元，服务企业数量增至 10 万户。另外，关于研发费用税前加计扣除新政方面，根据财政部、国家税务总局《关于进一步完善研发费用税前加计扣除政策的公告》，装备制造企业开展研发活动中实际产生的研发费用，未形成无形资产计入当期损益的，在按规定据实扣除的基础上，自 2021 年 1 月 1 日起，再按照实际总额的 100% 在税前加计扣除；形成无形资产的，自 2021 年 1 月 1 日起，按照无形资产成本的 200% 在税前摊销。

（二）金融支持配套政策

完善对装备制造业和"专精特新"企业的金融服务，开展金融支持装备制造业高质量发展的配套政策主要围绕以下三个方面开展。

第一，加大对装备制造业的信贷支持力度，保证对装备制造业的融资需求。引导金融机构增加装备制造业中长期贷款，提高中长期贷款比例，推动装备制造业中长期贷款继续保持较快增长，增速不低于各项贷款平均增速，2022 年新增制造业中长期贷款 2000 亿元左右。

第二，加大对装备制造业的技术改造贷款投放力度，鼓励引导金融机构加大对企业技术改造项目贷款的支持，增加技术改造贷款投放额度。

第三，发展碳排放权、排污权、特许经营收费权等抵质押绿色信贷业务。推动碳排放权、排污权、特许经营收费权等抵质押融资模式纳入银行认可的抵质押体系，加大对装备制造企业信贷支持力度。特别是争取碳减排支持工具和煤炭清洁高效利用专项再贷款落地，为装备制造企业碳减排成效显著的重点项目提供优惠利率融资。

（三）用地、用能和环境配套政策

浙江省政府在用地、用能和环境配套方面加大了政策配套支持力度，重点保障浙江省重大基础设施和重大产业项目用地，在新一轮国土空间规划中优先保障"万亩千亿"新产业平台用地空间。2022 年，确保省以上重大基础设施项目用地计划指标 4.5 万亩、奖励省重大产业项目用地指标 1.5 万亩。优先支持 10 亿元以上重大制造业项目列入省重大产业项目库，对入库项目按规定给予用地指标奖励。另外，支持石化化工、钢铁、水泥、玻璃等重点装备制造企业开展节能降碳示范性改造，在符合产业政策等要求的前提下，对能效达到标杆水平的技改项目开辟能评、环评审批"绿色通道"。在产业用能配套上，完善全省能源保障政策，统筹供需平衡，确保电量供给 5800 亿千瓦时以上，天然气供应 180 亿立方米以上，新增省内可再生能源发电量 80 亿千瓦时。落实重大项目能耗单列政策，对符合国家"六大领域""四个条件"的重大项目实行能耗单列。

（四）保供稳价的配套政策

为推进浙江装备制造业健康、良好发展，省政府联合十二部委出台了相关行动方案，重点保障制造业企业原材料、电力等供给安全。在能源供给上，全省加强电力产供销体系建设，科学实施有序用电，合理安排错峰用电，保障企业尤其是制造企业的能源安全稳定供应。推动产业链龙头企业梳理上下游重点企业名单，保障产业链关键环节订单正常生产，防范订单违约风险。在缓解原材料成本上涨压力方面，浙江省发展改革委联合省市场监管局和浙江证监局开展了大宗商品价格监测，鼓励各制造企业探索基差贸易、仓单服务、场外期权、含权贸易、互换等多种业务模式来应对原材料价格大幅波动。

第四节　浙江省装备制造业参与国际产能合作发展不足

"十三五"以来，浙江省装备制造业在以要素比较优势动态嵌入全球制造业价值链的过程中，充分参与了世界产业专业化分工，在产业转型升级和提质增效方面取得长足进步，在浙江省制造强省建设进程中发挥了重要的支撑引领作用。同时，浙江省的装备制造业仍然面临着自主创新能力有待提升、产业价值低端锁定、产业链配套体系不够完善等短板，不利于装备制造产业的可持续发展。因此，浙江省的装备制造产业应当充分利用国际产能合作的历史机遇，遵循要素比较优势演化规律，寻求开放式自主创新道路，努力突破全球价值链的低端锁定和技术瓶颈，实现浙江省装备制造产业的转型升级。

一、浙江省装备制造业面临自主创新瓶颈

自主创新能力提升是产业转型升级的聚焦关键点。浙江省装备制造业应当在参与全球价值链分工过程中，充分利用工业发达国家向我国产业转移的机遇，借鉴国外先进技术和管理经验，吸收外部知识与创新成果，自身不断加大企业研发投入，从而达到突破系统创新瓶颈、提升自主创新能力和水平，实现产业升级目的。

目前，浙江省装备自给率达 80% 左右，但主要集中在中低端领域，部分核心部件和重大先进装备依赖进口，部分产业链关键环节核心技术仍存在受制于人的问题。

（一）装备制造产业创新产出不高

浙江省装备制造产业当前实用技术创新向现实生产转化效率不高，研发成果不能持续转化为现实应用，导致实用技术创新成果有待提高。产业发展尚未实现完全的自主创新，特别是在引进技术经费投入比、消化吸收经费投入比这两个与自主创新密切相关的指标上水平不高，仍然存在单纯的模仿式创新现象。这体现出浙江省的装备制造业对国外先进知识、技术、经验

吸取还不足而没有将内外资源进行有效整合，形成真正意义上的自主创新能力。

（二）装备制造产业尚未形成产学研有效互动

2021年，浙江省装备制造业规上企业研发费用1561亿元，同比增长28.4%；总额占规上工业R&D费用支出的57.9%。从绝对数额上看，产业研发费用同比增长，但从费用的细分结构来看，浙江省装备制造业R&D项目经费内部投入要明显多于R&D项目经费外部投资。科研机构和各高等院校是产业理论创新和实践探索的前沿高地，增强与科研院所的产学研合作一方面能为装备制造企业掌握理论知识，提升实践水平奠定重要基础；另一方面可以使科研院所等机构的研发成果与产业市场需求进行适合匹配，促进研发成果积极转化为现实生产力。目前，浙江省装备制造产业在R&D项目经费外部投资中，各细分行业对科研机构和高校的投入占比较低，装备制造企业尚未建立起与科研机构、高校之间有效的合作机制。各细分行业的创新费用主要用于企业内部研发，对装备制造企业准确把握市场需求、吸收创新资源、摆脱原有知识技术依赖造成阻碍。

（三）装备制造产业创新人才缺乏

装备制造业作为技术密集型产业，其产业转型升级离不开产业创新人才，包括高技术研发人员和高技能产业工人。对标世界装备制造强国的高技能产业工人占比分析可得，德国、日本高技能产业工人在产业工人中的占比均超过半数，而浙江高技能产业工人占比仍然与全球先进水平存在较大差距。以规上制造业全员劳动生产率为例，2020年浙江的数据为23.5万元/人，与美、德、日三国2016年的数据比较，仅为美国的1/5，德国和日本的1/3。另外，人才分布失衡，产业创新技术人才主要集中在杭州、宁波等省内核心城市，其他地市存在人才引进困难等问题。

（四）装备制造产业创新融资难

装备制造业的自主创新不仅需要制造企业本身的创新核心能力的增强，也需要企业、用户、供应商、政府、金融机构等主体的多方位创新支持。在金融支持方面，浙江省装备制造业的融资供给虽逐年增加，但装备制造业的转型升级过程中的研发、设计等高端环节具有投资量大、建设周期长、投资风险高等特点，资本的短期逐利性与技术创新长期投入之间的深层次矛盾并没有得到彻底解决，导致浙江省装备制造业的转型升级仍然存在融资难、融资贵、投资水平低的困境。

二、浙江省装备制造业面临低端锁定困境

全球产业分工模式推动了工业发达国家将产业中易于进行标准化生产、规模经济相对显著、对制造成本敏感的生产制造环节向发展中国家转移，本国保留产业关键技术和核心材料，实现装备制造业在全球范围内转移与分工。发展中国家基于自身比较优势承接了大批量的国际产业转移和直接投资，长期从事于劳动密集型、低附加值的生产制造活动，虽然拉动了本国装备制造业的快速发展，但在国际分工体系中无法获得与发达国家高附加值环节活动对等的收益，被发达国家局限于价值链低端，陷入"低端锁定"的困境。

近年来，浙江省装备制造业在全球产业分工中的地位有所上升，突破了一批关键核心技术，推广了一批重大产品成套。但与国际装备制造强国相比，浙江省装备制造产业主要的竞争优势依然集中在劳动力低成本优势上，劳动密集型产业比重仍然较高。参与全球价值链过程中，全球装备制造强国掌握着重要的产业关键技术，使浙江在参与发达国家主导的装备制造业全球价值链中仍然从事中低端模块的生产活动，中低端装备产品较多，高精加工度高附加值产品较少。

（一）产业结构不够优化

2021 年，浙江省规上装备制造业实现总产值 40295 亿元。其中，高端装备制造业实现总产值 21130 亿元。浙江省规上装备制造业增加值9073 亿元，两年平均增速 14.1％，产业规模领先全国。从数据上看，浙江装备制造产业体量较大，但是其产业结构仍存在一些问题。浙江作为民营经济大省，在本省装备制造业中占据主导地位的是以民营性质为主的一般技术装备制造业，而高技术装备制造业主要集中在外资及港澳台性质的企业中，国有装备制造业发展偏弱，产业结构合理化有待提高。

（二）核心技术及关键零部件自主化率低

如前文分析所述，浙江省装备制造业在全球产业价值链中仍然处在中低端，尽管目前浙江省装备制造产业自给率已达 80% 左右，但主要集中在中低端领域。像集成电路制造装备、大型石化装备、集约化农业设备，包括浙江具有产业特色、优势鲜明的高档数控机床产业，汽车制造业的核心部件和重大先进装备依赖进口，关键环节的核心技术仍然积累不足。虽然早在 2007 年，浙江省便在全国率先开展装备制造业首台（套）产品认定工作，在成套设备、整机设备及核心部件、控制系统、基础材料、软件系统等方面发力补齐高端装备制造这一短板，但装备制造产业总体的核心技术和关键零部件解决能力仍有待提高。

（三）产业链协同发展能力有待提升

全球占据装备制造业价值链高端环节的装备制造强国，都具备一条为其所从事环节提供配套服务的完善产业链。在产业链上，中小装备制造业企业围绕某一龙头企业深耕某一环节，为龙头企业提供产业上下游服务，而龙头企业与聚集其周围的中小企业相互发挥比较优势，共同形成极具竞争力的装备制造产业链。

浙江省是全国著名的民营经济大省，本省装备制造业中占据主导地位的是以民营性质为主的一般技术装备制造业，产业规模集中于中小企业，集群内部产业同质化问题突出。另外，浙江省装备制造的龙头企业带动作用不突出。浙江省装备制造的大企业、大集团和有牵引力的大项目不够多，尚未完全形成龙头企业引领、中小企业协同发展的专业化产业链。

（四）装备制造业与生产性服务业融合程度低

装备制造业链条长、涉及部门领域多、技术复杂度高、应用场景多样，在融合发展上具有功能附加性、链条协同性、服务专用性等特点。生产性服务业具有明显的中间投入、拓链衍生、赋能增效特征，推进装备制造业与现代服务业融合发展，立足产业特性、顺应发展趋势、聚焦瓶颈问题是提升产业竞争力的重要方式。2018 年，美、日、德三大装备制造业强国的装备制造业与生产性服务业融合度都远远高于发展中国家，浙江的装备制造业与生产性服务业融合还有相当大的提升空间。

第五章　主要发达国家装备制造业发展借鉴

近年来，全球装备制造业快速发展。从装备制造业在全球的分布情况来看，装备制造业主要分布在美国、日本、德国、韩国和中国。各国均在装备制造业领域发布相关政策，推进产业创新。由于产业发展的优势路径不同，各国装备制造业转型升级的模式也各有特点。在主要工业化发达国家中，美国依托政府推动布局制造业创新网络，德国瞄准重点产业和关键领域实施高价值制造战略，日本政府重视对制造业智能化和信息化转型的引导和支持。这些主要发达国家装备制造业的推进经验值得借鉴。

第一节　美国装备制造业发展分析

一、美国装备制造业发展概况

2018 年，美国装备制造业实现工业增加值 8680 亿美元，同比增长 6.35%，增速比上一年提高 0.57 个百分点，占美国制造业工业增加值比重为 36%。其中，实现工业增加值最多的装备制造产业是计算机和电子产品行业，达到 3005 亿美元，而电气设备、电器及用品行业实现工业增加值最少，为 62 亿美元。2018 年，美国装备制造业进出口总额为 18336.94 亿美元，同比上升 5.08%，增速比上一年提高 0.13 个百分点。其中，出口额为 6316.54 亿美元，同比上升 3.31%；进口额为 12020.4 亿美元，同比上升 6.04%。美国的装备制造业贸易逆差进一步扩大。

二、美国装备制造业政策措施

20世纪90年代以来，美国的低端劳动力密集型制造业外流，同时本国的制造业工业增加值占比逐年下降，贸易逆差逐年加大。为解决制造业"空心化"和劳动力就业等问题，美国将"制造业回流"提上产业结构调整的战略日程，先后出台了《先进制造业国家战略计划》《先进制造业领导力战略》，以推动美国实体经济回归。

（一）发布《先进制造业国家战略计划》

《先进制造业国家战略计划》旨在通过汇集美国产业界、科研机构和其他利益相关者的各方力量，依靠政府推动，从改善投资环境、布局制造业创新网络、创新产业人才模式，大力发展装备制造业。一是简化投资审批流程，降低制造业税率，改善国外企业来美投资的政策环境；二是聚焦增材制造、数字制造、材料制造等领域，通过建设制造业创新中心，布局制造业创新网络；三是拓宽产业渠道，培养一批以产业实践为导向的专业型人才，创新产业人才培养的新模式；四是推进全球经贸一体化，扩展国际市场，刺激本国制造业产品出口。

（二）发布《先进制造业领导力战略》

2018年，美国国家科学技术委员会下属的先进制造技术分委会发布《先进制造业领导力战略》，围绕促进美国制造业创新技术发展、培育结构合理的高素质制造业劳动力、建立可控的弹性产业供应链等三大目标，确定了13个战略子目标和35个优先计划。战略重点涉及智能与数字制造、先进材料和加工技术等战略性新兴领域。《先进制造业领导力战略》被视为《先进制造业国家战略计划》2.0版，两者均对智能制造、信息技术等高科技领域加大投入，加强对制造业创新中心布局，强调制造业产业人才培养的重要性。

（三）启动《美国人工智能计划》

2019年，美国启动了《美国人工智能计划》，对2016年奥巴马政府发布的《人工智能战略》进行了全面更新。计划里所涉及的重点领域除了

2016 年提出的七大领域（人工智能研究投资、人机协作开发、人工智能伦理法律与社会影响、人工智能系统的安全性、公共数据集、人工智能评估标准、人工智能研发人员需求），还增加了公司伙伴关系战略领域。

三、美国装备制造业发展特点

（一）新兴装备制造业是推动社会发展的主导力量

随着全球先进科学技术的快速发展，美国的新兴装备制造业包括机械、医药、军工、航空航天、数控机床等行业所创造的产值在美国国民经济总产值的比重逐渐升高，美国仍然保持着全球领先地位。美国在全球高端装备制造业领域依然掌握着众多核心技术，把握着行业规则的制定权。新兴装备制造业的快速发展同时也带动了与此相关的高级生产型服务业的发展，包括软件服务业、IT 咨询业，为全球高科技人才提供了大量的就业机会，已经成为推动社会发展的主导力量。

（二）美国政府对装备制造业创新发展的政策支持

美国政府对装备制造业的智能制造、信息技术等高科技领域加大创新投入，加强创新中心布局，强调产业创新人才培养的重要性。一方面，推动产学研政协同创设国家产业创新中心，推进产业核心技术研发，加强社会成果转化，保持在全球产业创新方面的领先优势；另一方面，聚焦产业升级需求，构建技术发展链条，促进产业技术成果应用。

（三）产业发展呈现"研发与生产—出口—进口"的发展模式

作为全球装备制造业领军国家，美国长期在产业研究方面投入大量科研资源和财政支出，率先在国内开发产业新技术，抢占全球市场先机。新产品在国内市场销售量上升的同时，美国开始向后发工业国家出口产品，并不断扩大产品在国际市场上所占的份额。随着技术在全世界的普及，竞争者数量也逐渐增多，美国开始进行跨国投资，向后发工业国输出资本和技术，将已经没有技术优势的制造产业基地转移至后发工业国。当国外的产品成本大幅下降时，美国开始从国外进口产品，转而研究和开发技术含量更高的产业新品，开始新一轮的"研发与生产—出口—进口"过程。

第二节　日本装备制造业发展分析

一、日本装备制造业发展概况

2018 年日本装备制造业实现销售收入 42 万亿日元，同比增长 1.5%，增速比 2017 年降低 3.1 个百分点。2018 年，日本装备制造业销售收入占制造业整体销售收入的比重由 2017 年的 55.82% 降至 55.17%，下降了0.65 个百分点。从细分行业来看，日本装备制造业中销售收入占比最多的是交通运输设备行业，达到 22.44 万亿日元，同比增长 2.62%，占日本装备制造业整体销售收入的 54%。2018 年，日本装备制造业进出口总额为 7127.45 亿美元，同比上升 6%。其中，出口额为 4743.32 亿美元，同比上升 5.22%；进口额为 2384.13 亿美元，同比上升 7.58%。日本装备制造业贸易顺差持续扩大，2018 年日本装备制造业贸易顺差为 2359.19亿美元，贸易顺差幅度较 2017 年扩大 67.53 亿美元。

二、日本装备制造业产业政策推动

在全球经济格局转变和日本宏观经济持续低迷的背景下，为提升日本制造业竞争力，日本政府的产业政策出现转变，调整自 20 世纪 90 年代以来实施的新自由主义的"结构改革"政策，加大政府对制造业的投入力度，以促进制造业发展，提升产业链、供应链稳定性。

2014 年，日本政府为吸引企业采用新型设备改造提升传统生产线，出台了《生产率提高设备投资促进税制》，提出企业对先进制造技术设备进行投资可减税 5% 的税收优惠政策。同时，引进先进制造设备的企业还可在此基础上享受 30% 的价格折扣或 7% 的税费减免，降低了企业应用新技术的门槛。

2018 年，日本政府发布《制造基础白皮书》，分析了日本制造业发展目前面临的两大挑战，包括制造业产业焦虑以及人口老龄化背景下的产业人才恐慌。确定了以机器人、3D 打印等智能技术为基础，以物联网、大数据、云计算等信息技术为手段，对制造业生产服务系统和运营模式进行优化升级的战略规划。

2021 年，为应对全球半导体供需形势趋紧、半导体及数字相关技术等前沿技术贸易、经济安全等半导体产业环境重大变化，日本正式出台了"半导体与数字产业战略"。根据该战略，日本将超越普通产业政策支持的力度，大力支持半导体及数字产业发展，推动基础设施建设，确保日本半导体等数字产业有关技术能力与生产能力在世界范围内发挥重要作用。在半导体产业方面，日本将与海外代工厂等联合开发尖端半导体制造技术，共同设立海外制造基地。同时支持国内工厂创新技术，带动原材料、生产设备、产业技术开发，保障产能，增强国内半导体产业的组合和韧性，推动开发新一代国产制造技术，力求发挥全球供应链中的重要作用。在数字产业方面，将促进数字化投资，推进数字产业绿色创新，并计划于全国各地建立多个大规模数据处理中心，推进各地数字化程度，提高社会整体效率。同时，以数字产业发展带动环保减排，减少能源消耗，减轻环境负担，以达成 2030 年日本碳排放量减排目标。

三、日本装备制造业发展特点

（一）产业发展呈现"进口—国内生产—出口"的发展模式

日本作为后发工业国家的代表，其本国的装备制造业经历了一个从不发达到发达的赶超过程。最初，由于日本国内的生产技术落后、资本资源尚未完全具备，日本依赖从美国、德国等工业发达国家进口产品。进口的同时，积极引进发达国家的先进生产技术，通过对进口产品的不断模仿，逐步开始自行生产和开发产品，形成完备的生产经验。随着对引进先进技术的消化、吸收、创新和规模经济的逐步形成，日本开始逐步形成成本优势，产品开始出口国外。国产化替代进口在满足国内市场大量需求的同时也打开了国际市场，推动了产品的升级换代，从而推动了日本装备制造业的升级换代。

（二）政府推行了不同发展阶段的产业政策

日本在工业化进程的不同阶段，采取了不同目标的产业政策。第二次世界大战后的复兴阶段，日本重点发展电力设备、造船业、汽车、半导体等产业，拉动了日本整体国民经济的上升。20世纪60年代起，日本立足成熟的国内市场，开始追赶美国等西方发达国家的工业进程，相继确立了"贸易立国"和"技术立国"的战略。政府从财政、金融、产业、计划等方面逐步转向产业基础研究，加大对高新技术的引导和支持。

（三）全球细分行业中的"隐形冠军"企业掌握核心技术技能

日本作为一个岛国国家，自然资源匮乏、依赖进口，但是发达的制造业使得日本成为全球第三大经济体。日本发达的制造业体系，不仅依靠丰田、本田、索尼、松下这些大型制造业企业支撑，也依赖于在全球细分行业中掌握核心技术技能的众多优秀的中小型制造企业。早在2014年，日本便发布了首批"GNT企业"名单，主要是为了表彰在全球细分市场占重要地位且有重大贡献的日企，上榜企业大部分是中小型企业，堪称全球细分市场的隐形冠军，例如木村制作所、哈德洛克、小林研业、北岛绞制作所等小而美的中小型制造公司。创办于1947年的北岛绞制作，公司员工只有20名，主要从事各种金属板塑性加工的旋压、冲压、特殊形状成型及其附属加工、钣金加工。在"旋压"这种金属成型工艺上，北岛绞制作为人造地球卫星的零件、日本H2火箭的顶端部件提供尖端的金属成型技术。小林研业仅有的5位员工为苹果公司的iPod加工了数百万个镜面背板。四年间，小林研业共抛光了250万个iPod镜面背板。

第三节　德国装备制造业发展分析

一、德国装备制造业发展概况

德国是全球第四大经济体，2018年GDP总量达到了4万亿美元，约占欧盟 GDP 总量的 21%。2018 年，德国工业增加值达到 1.12 万亿美元，位居全球第四，仅次于中国、美国和日本。在装备制造业对外贸易方面，2018 年德国装备制造业进出口总额为 13367.84 亿元，同比增长 7.04%。其中，出口额为 8295.17 亿美元，同比上升 6.73%；进口额为 5072.67 亿美元，同比上升 7.57%。2018 年，德国装备制造业处于贸易顺差状态，顺差额为 3222.50 亿美元，贸易顺差幅度较 2017 年扩大 165.82 亿美元。

二、德国装备制造业产业政策措施

2013 年，德国政府在汉诺威工业博览会上提出德国工业 4.0 概念，正式推出《德国工业 4.0 战略计划实施建议》。该计划旨在支持德国工业领域新一代革命性技术的研发与创新，以巩固德国在全球制造业的龙头地位。工业 4.0 是将自动化、信息化、数字化和智能化的理念贯穿于产品设计、生产、销售、售后全过程，通过打造领先的市场策略和领先的供应商策略来实现一个高效率、高柔性和个性化的产品与服务的生产模式。工业 4.0 发布后，德国各大企业如西门子等积极响应，产业链不断完善，已经形成工业 4.0 生态系统。

2016 年，德国政府发布《数字化战略 2025》，旨在将德国建成全球最现代化的工业化国家之一。该战略指出，德国数字未来计划由 12 项内容构成：工业 4.0 平台、未来产业联盟、数字化议程、重新利用网络、数字化技术、可信赖的云、德国数据服务平台、中小企业数字化、进入数字化等。

2018 年，德国政府发布《人工智能战略》，扩大德国在工业 4.0 领域的优势地位，成为人工智能领域的应用领导者。该战略定量分析理论人工智能给德国装备制造业带来的经济效益，促进人工智能在中小制造业中的应用。

2019 年，德国发布《国家工业战略 2030》，目的在于稳固并重振德国经济和科技水平，保持德国工业在欧洲和全球竞争中的领先地位。该战略内容涉及完善德国作为工业强国的法律框架，改善德国工业的政策环境，加强新技术研发和促进私有资本进行研发投入，在全球范围内维护德国工业的技术主权等。此外，促进人工智能、数字化，促进中小科技企业，促进风险资本，打造欧洲自主的数据基础设施等内容都体现在工业战略的规划中。

三、德国装备制造业发展特点

（一）坚持"以人为本"理念

德国作为传统的工业强国，制造业在国内生产总值的占比为 26%，汽车制造、电子信息、机械制造产业发展居世界领先地位。特别是在全国总就业人口当中，德国的制造业从业人员约占 1/4。德国制造业企业发展强调"以人为本"，特别注重培养熟练的技能人才。德国全国拥有超过 100 所综合大学的技术科系，还有大约 200 所专科大学为德国的就业市场输送 10 万名技能人才。这些数量庞大且专业素质优秀的技能人才获益于德国推行的双规教育体制：既可以在技术学校学习专业基础理论知识，也能在企业锻炼实践技能。德国的制造企业中，特别是中小型企业，更是把技术人员视为"技术资产"。德国经济能在全球性金融危机后迅速反弹，依靠的就是政府和企业对技能人才的扶持和维护。在德国，新员工必须经过严格培训并考核合格后才能上岗，生产实践中坚持师徒之间的技艺传承。产业发展中坚持对技术人员的关注，保证了高素质技能人才为其装备制造业发展提供长久动力。

（二）产业生态体系完备

德国装备制造业的发展依靠的是大企业＋中小型企业构成的合理分工的产业生态体系。在德国，除了耳熟能详的西门子、博世、奔驰、宝马、大众等全球大型企业，还有数量众多、品质优异的中小企业，尤其是一些具备创新活力和行业竞争力的"隐形冠军"企业。德国向来重视扶持装备制造中小型企业技术创新，通过实行项目资助，推出"中小企业专利行动"资金补贴项目，激励企业研发专利并尽快实现产品市场化。在德国的装备制造产业体系中，大型企业依托核心技术积累深耕全球专业细分市场，开展多元化经营。同时，众多在国际市场上技术领先的中小企业推动德国出口贸易乃至整体经济持续发展。机械设备制造业是德国最具竞争力的装备制造产业，也是德国就业人数最多的行业。机械设备制造业是典型的出口导向型产业，德国作为世界第一大机械设备出口国，超过 75% 的机械设备产品销往国外。德国知名的大型机械设备制造企业有蒂森克虏伯、西马克、海德堡印刷、海瑞克等。

（三）产业创新驱动

与美国、日本这些发达装备制造业国家一样，在装备制造业领域德国能够保持世界领先地位，根本原因在于德国向来十分重视装备制造业的科研创新和成果转化。德国着力建立多元化的科研创新体系，包括联邦和州政府、大学、公共研究机构、企业研究机构和基金会等。德国研发经费约占国民生产总值3％，位居世界前列。德国政府大力支持产学研相结合，全国应用科学大学占高等院校一半以上，资助高校和科研机构建立大量的科技园和技术孵化中心。

第四节　发达国家产业发展经验启示

在当前及未来很长的一段时间内，一国的装备制造产业仍然是国家综合国力和国防实力的重要体现。厘清装备制造产业高质量发展的基本思路，推动产业形态和生产方式的深刻变革，是应对全球经济竞争日趋激烈的重大举措。本节内容在分析国外发达工业国家装备制造产业发展的基础上，总结经验，为我国更好部署和推动装备制造业发展提供借鉴启示。

一、推进装备制造业转型升级具有重要战略意义

装备制造业在一国国民经济发展中具有重要地位，是代表国家国际竞争力的战略产业，关系到国家战略安全和国民经济命脉。作为一国基础性、战略性产业，它的发展水平集中体现了一国在科学技术、工艺创新、材料加工等方面的综合配套能力，特别是一些技术跨度大、产业关联度强、需求弹性大的重大技术装备制造，综合反映了一个国家的工业、国防和科技水平，是打造工业强国的重要奠基石。随着电子信息革命和高新技术产业的兴起，传统制造业集合了先进材料、精密加工、电子信息控制等前沿技术，不断更新产业产品、拓展应用科技领域，高端装备制造更是全球工业发达国家竞相争夺的战略高地。我国在推动装备制造业产业发展

时，要基于国内外形势研判，加强全局性顶层设计。深刻认识装备制造业在不同发展阶段和发展形势下，其高质量发展的具体内涵和重点方向也有不同表现，要与时俱进，结合短期亟待解决和长远战略必争领域，及时提出发展重点方向。明确不同阶段装备制造业重点发展方向，优化制造产业结构，重点支持高附加值的高端装备制造产业发展，吸引社会资本流入先进制造领域。

二、技术创新成为推动产业转型升级的主要动力

装备制造产业资本投入大、技术门槛高，产品的技术构成和制造过程相对复杂，导致生产周期比一般的产品更长。技术创新已经成为装备制造产业结构升级的主要动力。如前文分析，全球工业发达国家，如美国、日本、德国等国家都不断加大对装备制造业的研发投入，加强核心技术创新，都将其产业链中低价值环节转移至发展中国家，而将含有核心技术的高附加值产业链部分留在国内。推动产业技术创新，一方面要构建强大的产业创新体系，强化部、省、市政策联动衔接，以先进制造技术科技攻关项目为抓手，聚焦先进工业软件、智能机器人、工业母机等当前严重依赖进口并存在受制于人风险的领域，突破一批关键核心技术，引导企业应用5G、工业互联网、大数据等数字技术赋能装备制造，实现产业技术自主可控。另一方面，推动科技创新服务平台建设。建设一批装备制造业基础研究载体，汇集人才、项目、资本的优势资源进行协同攻关；成立一批机制灵活、面向市场的产业研发机构，促进产学研有效结合，提升产业竞争力；布局一批产业技术基础公共服务平台，加快产业规范化改革和发展，提高产业服务水平。

三、政府支持是推动产业转型升级的重要保证

装备制造业产业价值链条长，上下游企业联系紧密，产业链中的龙头企业、关键部件、基础材料和核心工艺等都有可能成为决定该产业是否可持续发展的关键因素。因此，不同主体之间的紧密协调、相互促进尤为重要。政府的行政支持和集中组织对于装备制造产业的健康发展能够起到积极的导向作用。纵观发达国家的装备制造产业发展史，无论是在产业发展

的期初阶段，还是现在处于全球领先地位的阶段，美国、日本、德国等工业发达国家都给予本国装备制造业不同阶段的针对性扶持，包括政府采购、税收减免、优惠贷款、资金投入、市场保护等多个方面。美国政府的产业政策重点是鼓励产业技术创新，依靠政府力量，汇聚美国产业界、高校、科研机构和其他利益相关者等共同促进先进制造技术创新，先后成立了国家制造科学中心和制造信息资源中心。日本政府在工业化进程的不同阶段，采取不同目标的产业政策。相继确立"贸易立国"和"技术立国"的战略，从财政、金融、产业、计划等方面逐步转向装备制造产业基础研究，建立政产学研合作和中小企业支援机制。德国政府取消各种妨碍产业发展的限制，致力于营造开放和竞争性的市场体制。在市场机制作用下，装备制造企业做出的选择会更有效地利用资源，良好的环境在间接上支持了装备制造业的快速发展。

四、结构合理的产业体系是产业转型升级的主要基础

装备制造产业技术门槛高、科技含量大，创新要求高，除了依靠经济实力雄厚的世界大型产业集团开拓国际市场、配置全球资源，也依赖于在全球细分行业中掌握核心技术技能的众多优秀的中小型制造企业。"大型企业＋中小型企业"构成的合理分工的产业生态体系是推动装备制造产业转型升级的主要基础。日本、德国等工业发达国家重视培育大型企业集团，以此带动装备制造业基地建设，推进本国装备制造业转型升级。例如日本的三菱、东芝、日立、丰田、日产集团，德国的西门子、大众、宝马等集团。这些大型企业在全球范围内配置资源，经营范围广，研发能力强，其核心技术创新和资本运作都是世界级水平。除此之外，这些工业发达国家还专门出台政府政策扶持数量众多、品质优异的中小企业，尤其是一些具备创新活力和行业竞争力的"隐形冠军"企业。这些"隐形冠军"企业在全球细分市场中占比高，科技属性强；行业地位高，竞争能力强；研发投入高，创新动力强，通过创新资源集聚和内生方式打造核心能力，促进和提升本国装备制造产业基础能力和产业链现代化水平。

第六章　浙江省装备制造业转型升级：制度建设

在装备制造业转型升级过程中，虽然政府并不直接参与产业升级，但是中国的国情和浙江省装备制造业发展现状决定了浙江省装备制造产业实现结构优化和转型升级离不开各级政府扶持。主动适应产业改革发展要求，优化企业营商环境，深化产业新形态改革，对浙江省装备制造业的发展发挥着至关重要的作用。

第一节　优化产业升级发展环境

一、加强知识产权保护，强化知识产权运用

装备制造业作为技术密集型产业，核心技术要素在其产业转型升级中具有重要地位，愈接近全球价值链的高附加值环节，其产业核心技术和关键零部件技术愈显得重要。浙江装备制造产业在全球价值链不断攀升的过程中，越来越意识到技术创新的重要性，产业内部的研发强度、科研经费投入、专利申请件数等均呈现大幅增长。特别是在世界经济技术交流日益频繁的背景下，全球跨国公司也在我国境内设立研发机构，为避免在产业转型升级过程中技术受制于人，就必须加强产业的知识产权保护，对于其专利、商业秘密、版权、商标、企业形象和外观设计等都要出台知识产权制度来严格保护其产业创新成果。对于装备制造业高附加值环节这种研发难度大、投入成本高的创新研发活动，如果知识产权保护没有到位，企业就缺乏自主创新的动力与积极性。

二、推进信用机制建设，严格规范市场秩序

全球化背景下，浙江省装备制造业要想实现全球产业链的价值攀升，参与国际产能合作，在国际分工体系中的信用机制建设就尤为关键。浙江省装备制造产业规模体量巨大，但因信用缺失而导致的直接和间接经济损失未能完全用数字衡量，对下游企业的产业影响、市场份额亏损、污染治理等社会影响更甚。"浙江制造"的品牌打造，必须推进社会信用体系建设，严格规范市场秩序，引导企业积极履行社会责任。诚然，装备制造产业的信用建设除了要依靠企业自身的道德标准来约束，更需要建立健全外部的产业信用机制。2014 年，国务院印发《社会信用体系建设规划纲要（2014—2020 年）》，这是我国首部国家级社会信用体系建设专项规划。2015 年《中国制造 2025》提出：推进制造业企业信用体系建设，建设中国制造信用数据库，建立健全企业信用动态评价、守信激励和失信惩戒机制。2019 年，《制造业信用指标体系》的实施为制造企业提供合理有效的评价依据，为金融机构、行业组织、各级地方主管部门等开展制造业企业的信用指标体系评价工作提供指导和参考依据。

三、构建联动工作体系，精准对接服务企业

装备制造业技术研发往往耗时长、投入大，很难由单个企业来完成，需要政府层面的各级参与，构建省、市、县（区）联动的工作体系，精准对接企业服务需求。省级层面建立装备制造业高质量发展专项领导小组，统筹产业升级全面建设机制，地方层面构建服务企业快速反应机制，执行装备制造业重大项目全周期服务机制，加强各领域工作协调和政策协同。

第二节　强化产业发展要素保障

装备制造业作为资本密集型、技术密集型产业，其产业发展的配套要素保障是助力其实现全球价值链地位攀升的重要影响因素。随着全球产业

分工合作、全球价值链衍生发展，装备制造业相关的基础投入和配套服务更加专业细致，产业发展要素保证更加全面，对于提高浙江装备制造产业的国际竞争力具有重要作用，具体可以从以下两个方面入手。

一、提升装备制造产业发展基础设施投入

装备制造产业的基础设施投入既包括传统的基础设施建设，如铁路、公路、港口、工业用地、水电用能等现代交通运输体系和物流体系的建设；也包括新兴基础设施建设，如工业互联网、大数据中心、人工智能、新能源配套等。浙江要大力发展基础设施硬件，为本省装备制造产业智能化转型升级实现资源优化和协同制造。一是在产业用地保障上，做好国土空间规划，加强落地指导，保障先进装备制造业的工业用地规模。装备制造企业在现有工业用地上新建、扩建自用生产性用房，提高容积率的，不再增收土地价款，并可以按规定在厂区内建设适量配套生活服务设施。二是在产业环保配套上，对环保意识强、治污水平高的装备制造企业在环保监管服务方面实施差异化管理，优先保障重大先进制造业项目建设所需指标。特别是对单位能耗达到国际先进水平的装备制造业重大项目，利用新增和腾出的用能空间优先给予保障。三是在产业用能保障方面，积极完善全省对装备制造产业的能源保障政策，放开规模以上装备制造企业参与电力市场化交易，对于重大产业项目进行能耗单列，降低企业的用电成本。

二、促进装备制造产业与生产性服务业融合水平

"两业融合"是装备制造产业转型升级的根本要求。当前，浙江装备制造业仍未跳出全球价值链的中低端，中低端装备产品较多，高附加值产品较少，不利于浙江省装备制造产业价值链的延伸和升级发展，亟待加速培育产业链的生产性服务环节。生产性服务业能够广泛地渗透进装备制造业前期的研发和设计，中期制造、管理和融资，后期分销和信息反馈等环节，其明显的中间投入、拓链衍生、赋能增效特征，为装备制造业的技术进步、生产效率提高和产业转型升级提供有效的保障和服务。与生产性服务业的深度融合已成为促进浙江省装备制造业升级的重要途径。2020 年 3 月，浙江省率先启动先进制造业和现代服务业深度融合试点创建工作，快

速推进浙江省装备与现代服务的融合发展。近年来，浙江省企业层面的探索与实践也取得了积极进展，融合发展效应逐步显现，全省涌现了网易严选、曹操出行等一批融合发展典型模式和新兴业态。但也要看到，对标全球装备制造强国，目前浙江省装备制造业和现代服务业融合发展的整体水平依然不高，存在融合度较浅、发展不均衡等问题，与工业发达国家的发展水平相比还有较大差距。为快速缩小这一差距，应结合浙江省装备制造的发展特点，聚焦浙江省装备重点优势产业、紧扣浙江省发展战略重点，提出具有浙江省特色的突破政策。

第三节　健全产业政策支持体系

一、加强产业政策导向

市场经济的竞争主体是企业，在利润最大化的驱动下，企业的生产往往会具有盲目性，与政府的产业政策方向不相一致。这就需要政府层面来加强产业政策导向，引导企业发展方向，实现产业结构调整和转型升级。产业政策是由政府制定，通过制订产业结构调整计划、产业扶持计划、财政金融、项目审批来引导国家产业发展方向、推动产业结构升级，使国民经济健康可持续发展的政策。产业政策的功能主要是弥补市场缺陷，有效配置市场资源。强有力的产业政策可以规范浙江省装备制造业的发展方向，为提升产业国际竞争力提供政策保障。

一方面，产业政策必须具备时效性。装备制造产业属于技术密集型产业，技术研发投入大、技术更新变化快，政府在制定和推行产业政策时，必须时时紧跟装备制造产业的发展状况，及时调整产业指导目录，避免出现产业政策与产业发展脱节的情况。浙江省经信厅、浙江省统计局联合编制《浙江省高端装备制造业统计分类目录（2021 年）》就是为了更全面、准确、科学地反映本省高端装备制造业发展情况，完善高端装备动态管理体系的基础性工作。

另一方面，产业政策必须具备针对性。装备制造产业的转型升级既强调对传统制造业改造提升，又侧重新兴装备制造产业的数字化融合。对于省内已经具备竞争优势、产能过剩的传统制造业，政府应该提高市场的准入门槛，限制低水平的重复投资。2018 年，省政府提出《浙江省水泥工业改造提升实施意见（2018—2022 年)》，要求基本关停小规模熟料生产线，完成水泥工业新布局。而对于产能不足的新兴装备制造产业，政府应降低市场准入门槛，协调各部门资源、鼓励市场竞争。

二、聚焦优势特色产业

对标日本、韩国等全球装备制造业后发强国的发展之路不难发现，在本国的装备制造产业转型升级过程中，政府总是根据全球装备制造产业的发展趋势来确定自己的主导产业，通过聚焦本国的优势特色产业发展，带动整体装备制造产业上下游发展。"十三五"以来，浙江省的高端装备制造业得到大力推动，汽车整车制造、高档数控机床、工业机器人、光伏及现代能源装备等领域优势显著增强，产业融合发展趋势明显，同时，人工智能、大数据等信息技术在工业领域的迅速应用，促进了装备产品向数字化、智能化发展，形成了一批具有竞争力的优势产品。浙江省装备制造产业的转型升级，基于高档数控机床、智能机器人、汽车整车、核电能源装备、轨道交通装备等优势产业进行战略突破，以重点产业的局部优势带动整体产业链的技术发展，提升本省的科技创新实力。

三、培育大型龙头企业

日本、德国等工业发达国家极其重视培育大型跨国集团，通过跨国集团在全球范围内的资源配置、创新研发、资本运作引领本国的装备制造产业集群建设。像日本的三菱、丰田集团，德国的大众、宝马公司，其产业发展能力都是世界级水平。目前，浙江省的装备制造产业龙头企业带动作用不突出，缺乏一批有牵引力的大项目，在装备制造产业链中，中小企业配套发展的专业化协同发展局面尚未有效形成。政府应该借鉴发达国家的发展经验，集全省之力，协同合作各部门重点支持本省装备制造产业内形成三两个超大型企业，通过承担重大项目工程、重大工程实验室来提升浙江省装备制造产业整体国际竞争水平。毕竟，装备制造产业作为资本、技术密集型产业，其核心技术开发也只有大型企业才有能力承担。

第六章　浙江省装备制造业转型升级：制度建设

第七章　浙江省装备制造业转型升级：人才培养

　　装备制造业转型升级的硬实力、软实力和驱动力，很大程度上要依靠产业的人才实力。人才体系建设是浙江省装备制造产业攀升全球价值链中高端的关键。浙江省装备制造产业的人才体系建设既包括高学历、高知识的高端科研创新人才，也包括将科研创新成果商业化、产业化的高水平企业经营管理人才，以及拥有高技能、高素质、高职业性的产业技能人才。创新装备制造产业人才培养路径，加强产业人才引育强度，构建以具备创新精神的科研人才为核心，以高级经营管理人才为支撑，以数量庞大的高级技能人才为基础的产业人才链，对于浙江省装备制造产业的转型升级具有重要意义。

第一节　高端创新人才培养引育

　　高端科研创新人才的引育途径一般有两条：根据产业发展状况和市场需求特点进行本土培养；二是引进海外层次研发团队和人才。

一、加强本土人才的重视和培育

（一）结合"制造强省"目标，树立产业人才创新素质培养理念

　　支持省内高校特别是部分工科院校推进装备制造产业人才培养模式改革，使其人才培养目标与全省产业发展战略接轨，与产业高素质创新人才培养规格接轨。在特色鲜明、与产业紧密联系的高校建设若干与地方政

府、行业企业等多主体共建共管的现代产业学院，将创新意识和创新能力的培养作为贯穿教育过程始终的核心理念，注重装备制造产业人才的创新能力和实践能力培养。同时，结合装备制造业行业特点，注重环保意识和质量意识的提升，将素质教育充分融入教育教学和实践环节中。

（二）强化高素质人才供给，加快装备制造产业学科专业建设

装备制造产业的转型升级以先进制造技术研发为基础，以产业制造人才为支撑。高素质、复合型创新人才的培养，需要根据产业发展的情况及时进行调整，需要做到学科和专业的同步发展。一方面，组织开展产业人才需求预测，落实装备制造业人才发展规划指南。浙江省政府立足本省装备制造重点发展领域，发布高档数控机床、工业机器人、航空航天装备等产业人才需求预测，为高校布局优化学科专业建设提供参考。另一方面，支持相关高校推动专业升级改造，支持新一代信息技术领域等装备制造业相关学科专业建设，鼓励高校统筹推进"学科、人才、科研、平台"四位一体发展，逐步优化与学科专业体系相适配的机构设置，完善学科评价体系。另外，鼓励高校注重生产性服务业人才培养。围绕研发设计、创业孵化、知识产权、检验检测认证、信息技术服务、品牌建设等领域发展需求，加快培养相关专业人才。

（三）加快高素质人才培育，优化装备制造产业实践教学模式

装备制造产业作为工科工程行业，在深化工程教育教学改革方面，应注重强化学生的工程实践能力培养。一是积极以校企合作联盟为切入点，以产学研结合为基础，建立起高校与企业之间良好的合作关系，加强校企合作、校外实训基地建设，积极探索集科技服务、实践教学、就业创业为一体的实践教学模式；二是搭建产业实践平台，将装备制造企业新技术、新工艺引入教学模式，引导学生加强产业技能训练；三是开展科研实践，促进科研成果转化为实践教学内容，并鼓励引导优秀青年师生参与或牵头承担重要科研项目和重大技术攻关。

二、加快引进装备制造业海内外高层次人才

浙江省装备制造业目前仍然缺少关键核心技术、成套产品研发，其技

术储备仍显不足，成为制约浙江省装备制造产业转型升级的重要因素之一。大力引进海内外装备制造业高层次人才、领军型团队和人才，可以有效提高本省的产业创新水平。

首先，完善引进思路。引进海外高水平装备制造产业人才的核心目的在于引进世界先进前沿技术和重大产业振兴项目。引进的人才或者团队的标准必须是处于世界科技变革和产业发展前沿的高地，对引进专家予以项目经费、奖励津贴、事业平台、研究方向等方面全方位集成式支持，以人才需求为导向，给予"一人一策"支持。同时，也鼓励省内装备制造企业"走出去"，布局海外人才开发，充分发挥本省企业海外科技孵化器和研发机构的作用。

另外，搭建引进平台。充分利用好国际装备制造业博览会，把人才引进工作作为产业博览会的重要内容，积极开展人才项目对接，吸引海外华人来浙创业。同时，政府推进装备制造企业与海外高科技人才洽谈会的定期举行，编制引进研发团队的需求手册，吸引高层次人才。

第二节　经营管理人才素质提升

企业经营管理人才是浙江省现代装备制造产业可持续发展的核心和灵魂，对产业制造企业的各种生产要素起到组合、运作和放大作用。为适应浙江省本土装备制造产业发展需要，提高产业现代经营管理水平和产业核心竞争力，要以培养优秀企业家和职业经理人为重点，重视装备制造产业领域中领军人物的培育，造就一支具有全球战略眼光、市场开拓精神、管理创新能力和社会责任感的产业企业家队伍。

一、传承浙商精神，加强思想信念

改革开放四十多年，浙江省依靠浙商精神发展市场经济，从"轻小集加"的乡镇工业、块状经济起步，形成了极具特色的以民营经济为主体的区域经济发展格局，带动了浙江省走向"经济大省""制造强省"。在新一轮全球化浪潮中，新生代浙商企业家们传承浙商传统的创新创业精神，成为浙江省产业数字化转型和经济高质量发展的主要生力军。浙江省要在民营经济蓬勃发展的热土上，加强对新生代企业家的理想信念教育，引导新生代企业家运用习近平新时代中国特色社会主义思想武装头脑、指导实践，继承和发扬老一代企业家的"听党话、跟党走"的光荣传统。2017年，台州推出台州企业"薪火传承"行动计划，以培育新生代企业家和辅育企业创新发展为使命，推进企业代际传承和创新发展。

二、组织搭建平台，提升管理水平

以提高装备制造产业现代经营管理人才水平和企业竞争力为核心，协同组织搭建平台以提升制造产业企业家全球视野和创新能力。一方面，依托知名跨国公司、国内外高水平大学和其他培训机构，通过组织企业家参加各级各类培训，加强装备制造业管理人才的职业化和专业化能力建设，提高全球战略管理和跨文化经营能力；另一方面，积极发挥浙商组织作用，举办国内外高层次人才创业大赛和杭州国际人才交流与项目合作大会、国际青年创业论坛、长三角全球科创项目路演等，提升广大浙商的创业创新动力，带动更多创新人才项目和团队。

三、政府协作联动，营造惠商环境

基于装备制造产业企业经营管理人才高学历、高素质、高追求的显著特点，浙江省各级政府必须以更科学的方式、更开放的姿态、更全面的服务来优化惠企营商环境，积极创造"引得进、留得住、用得好"的政策环境，确保做到政治上关怀到位，权益上保护到位，工作上服务到位。对于浙江省装备制造产业体系建设中，重点支持的信息技术、汽车整车、高档机床、航空航天装备等先进制造业领域的企业引进高级经营管理人才，在享受相应的人才奖励政策的同时，对其子女入学、家属就业、住房保障等方面给予适当的政策倾斜。

第三节　高技能人才培养

浙江省装备制造产业在全球价值链中仍处于中低端模块，总体呈现"大而不强"，核心装备制造技术、工业软件、基础材料仍存在受制于人问题，其实质是人才不强。浙江省装备制造产业的人才队伍建设还存在一些突出问题：高技能人才数量不足，人才断档现象严重，人才培养质量与效益不高，未能有效对接浙江装备制造产业的行业发展特点。面对全球新一轮科技革命挑战，浙江装备制造产业的高技能人才培养问题亟待解决。

一、借鉴发达国家职业教育经验，培养高技能工匠群体

美国、德国、日本等世界工业发达国家都是通过装备制造业的发展而形成强大的国际竞争优势。无一例外的是，高素质技能人才培养正是打造全球制造强国的有力支撑。"德国制造"在全球的产业质量体系中代表了品质和信誉。德国企业特别注重高素质的技能人才培养。在德国，政府依靠"双元制"职业教育体系培养了大量高技能的产业工人。所谓的"双元制"，是学校为一元、企业为一元，德国企业和国内各高等教育机构合作进行高素质技能人才培养。这种培养模式不局限于职业学院，还有综合性大学、应用科学大学等，以培养既具有较强专业技能又具有扎实专业理论知识的高等技术人才为目标。其特点是学生一边在高等学校学习理论知识，一边在企业从事工作或实习。这种"双元制"的职业教育模式符合装备制造业的职业发展需求，为德国培养了大量的高素质劳动力技工，极大地提高了德国装备制造业的劳动生产率。浙江省在推进装备制造产业技术人才培养的过程中，可以借鉴发达国家的职教改革经验，培养符合浙江特色的产业技术人才。

二、依托"双高计划"院校建设，构建多层次培育体系

"双高计划"的全称是中国特色高水平高职学校和专业建设计划，是

为了落实国务院发布的《国家职业教育改革实施方案》，将职业教育作为与普通教育同等重要地位的类型教育的具体化。国家启动"双高计划"建设，旨在打造一批能够在我国职业教育层面引领改革、支撑发展的中国特色高水平高等职业学校和专业群。2019 年，经过第一轮遴选，全国 56 所高职学校入选高水平学校建设，141 所高职学校入选高水平专业群建设，建设期为 4 年。依托"双高计划"院校建设，对接浙江省优势产业群发展特色，加强本省"双高计划"院校装备制造重点学科专业群建设，促进本省职业教育高质量发展，对于完善补充目前现有的产业人才培养体系建设具有重要意义。

三、完善技术技能评价制度建设，拓宽高技能人才职业发展空间

形成完善科学化、社会化、多元化的技术技能评价制度，建立健全技术技能人才评价体系，形成有利于产业技能人才成长和发挥作用的制度环境，拓宽高素质技能人才的职业发展空间，对于建设一支基础扎实、技能过硬的高素质技能人才队伍具有重要意义。一是探索装备制造产业高素质技能人才数字地图，通过综合分析浙江省装备制造产业发展的经济数据以及人才培养结构，研判目前本省技能人才发展与装备制造产业发展的匹配支撑情况，制定产业高素质技能人才的重点培养评价引导目录；二是进一步发挥政府、用人单位、社会组织等多元主体作用，全面落实用人单位评价主体权，激发市场主体活力；三是坚持以用为本，完善技术技能评价制度建设的目的是拓宽高技能人才职业发展空间，所以高素质技能人才的评价需要和人才激励紧密结合，引导高技能人才培养培训，畅通高技能人才发展通道，促进提高产业高素质技能人才待遇水平和社会地位。

四、构建产业技术人才信息平台，完善产业人才服务支持

产业技术人才信息平台建设为产业人才的开发、管理和协作提供了有力支撑，是人才体系建设的重要组成部分。目前，浙江省现有的产业技术人才信息平台建设工作缺乏顶层设计，缺乏统一的规划和管理，各部门在

规划产业技术人才服务时未能科学协作。产业技术人才信息平台的建设应以全省共享的产业人才信息库为基础，搭建内容完善、形式灵活，适应浙江省装备制造产业创新驱动的服务平台。

第八章 浙江省装备制造业转型升级：技术创新

全球新一轮的技术变革浪潮下，浙江省装备制造业的发展已经进入关键时期，中低端产品多、产业配套能力差、产业链条短，上下游企业协作未形成有序集群等问题都影响了浙江省装备制造业国际竞争力的提升。随着市场竞争的愈发激烈、国内资源红利逐渐褪去，浙江省装备制造产业要想实现可持续发展，实现全球价值链攀升的唯一出路是提高浙江省装备制造产业的创新能力，提高产品技术含量、升级产品层次。提升产业创新能力的主要途径是鼓励浙江省装备制造产业依靠自主技术创新和效率提升来增强产业国际竞争力，但目前省内装备制造产业的自主研发能力与国际装备制造强国相比还有相当大的差距，技术储备不足，众多企业将创新途径瞄准了海外，期望通过海外并购来实现产业技术跃升。本章内容在讨论提升浙江省装备制造产业自主创新能力的同时，展开了产业技术跃升的海外并购路径研究。

第一节 提升装备制造业自主创新能力

装备制造业在产业链中开展制造和生产高附加值环节的本质是创新，而装备制造业资本投入大、技术门槛高、投入回报期长的固有特点决定了产业创新要以政府为推手，将产业创新的驱动战略提升至国家角度。浙江省装备制造产业整体的技术水平已经有了较大幅度提高，产业自主创新的基础目前已基本具备，推动浙江省装备制造产业的自主创新，激发产业企业创新活力，使浙江省装备制造产业在经济全球化的背景下占据有利的国际竞争地位。

一、确立企业创新主体地位

浙江省装备制造产业的自主创新战略应以企业作为创新主体，市场竞争作为市场导向，政府推动作为保障基础。

（一）引导企业推进产学研合作

装备制造产业自主创新能力的提升要注重将科技成果转化为现实生产力。发达国家的经验证明，政府要充分运用市场机制，重视高等院校和科研院所的创新研究载体建设，以装备制造产业市场需求为研究着力点和创新方向，支持装备制造企业联合科研院所、高等院校力量，组建联合技术攻关团队，破解产业发展技术难题，攻克核心技术困境。

（二）明确企业的研发主体地位

装备制造产业的科技创新和产品研发应以市场需求为导向，在技术转让、技术改造、技术并购、产学研合作模式的选择等方面可以自行选择，政府通过产业政策在科技投入、研发项目和人员配置方面进行扶持来引导企业创新技术开发。同时，支持和鼓励装备制造企业牵头承担国家重大科技专项、科技发展支撑计划。

（三）鼓励研发机构向企业转制

为弥补目前浙江装备制造产业科技研发创新人员的不足，应鼓励本省的产业科技研发人员开展自主创业，使更多的研发力量进入产业市场，激发产业自主创新的积极性。同时，这样的市场转化机制还能使科研机构、企业和市场的三方关系更为紧密地结合。

二、打造企业自主创新平台

围绕浙江省装备制造业发展现有优势和未来产业培育方向，聚焦国家和浙江重大发展战略需求，在高端装备制造业重点领域加大制造业创新中心、产业创新中心、技术创新中心等服务建设，推动装备制造产业关键技术研发、研发成果的市场转化和人才服务。

（一）制造业创新中心

制造业创新中心是由企业、科研院所、高等院校等各类创新主体自愿组合、自主结合，以企业为主体，以独立法人形式建立的新型创新载体。自2016年以来，我国工业和信息化部出台政策文件推进建设制造业创新中心，目前我国已论证通过和启动建设17家国家制造业创新中心，形成"东部多极、中西一带"的分布格局。为打造浙江省装备制造产业科技研发高地，以提升本省装备制造产业创新能力为目标，持续做好以国家制造业创新中心、省级制造业创新中心、市级制造业创新中心三级为核心节点的多层次、网络化产业创新体系。

（二）产业创新中心

为深入实施产业自主创新驱动战略，浙江省政府要积极推进产业创新中心建设，引导产业链、创新链和资金链的深度融合，支撑本省高端装备、数字经济、基础材料、工业软件等重点新兴产业集聚发展，成为产业技术开发与应用、科技型企业孵化成长、促进产业基础高级化和产业链现代化的重要平台。目前全省已有4家省级产业创新中心。

（三）技术创新中心

省级技术创新中心的建设作为浙江省科技强省的重要战略举措，为实现装备制造产业基础高级化和产业链现代化、建设全球先进制造业基地，加快高水平创新型省份打造提供了强大的技术支撑。当前，浙江省政府已经启动了省智能工厂操作系统技术创新中心、省绿色智能汽车及零部件技术创新中心、省高端化学品技术创新中心、省现代纺织技术创新中心、省CMOS集成电路成套工艺与设计技术创新中心、省智能感知技术创新中心等6家中心的建设。

（四）高端装备前沿科研基地

推动之江实验室、阿里达摩院等重点科研载体加强高端装备制造领域科研布局，围绕杭州城西科创大走廊、宁波甬江、G60科创走廊建设工作，建设高能级装备制造业创新载体。

三、强化产业创新财政金融支持

（一）加强对装备制造产业的金融政策支持

浙江省是典型的民营经济发达省份，中小型装备制造企业数量居多，建立起与浙江省装备制造业发展相适应的多层次金融政策体系具有重要意义。装备制造产业是资本密集型产业，融资难、融资贵是产业发展普遍面临的重要难题，尤其是中小装备制造业企业的融资环境更加艰难。政府应及时调整对本省中小装备制造业的金融扶持政策，鼓励国有股份制商业银行、城市商业银行等大型商业银行开展面向中小微装备制造业企业的专门融资服务，同时支持和引导民间资本进入金融领域成立民营银行、微众银行、网商银行、科技银行等草根金融机构，解决中小装备制造业企业融资难、融资贵和融资成本高的问题。

（二）拓宽装备制造产业科技创新融资渠道

目前，装备制造产业的融资金额大多来自传统的商业银行贷款，融资渠道单一、融资金额数量未能有效支撑产业规模发展。浙江省装备制造产业要实现完全的科技自主创新，必须积极拓宽产业融资渠道，发展产业链金融。一是积极发展专门针对浙江装备制造产业的风险投资基金，支持保险公司通过股权、债权投资方式展开产业投资；二是金融机构要以装备制造业产业链核心企业为依托，为装备制造业上下游全产业链提供综合金融解决方案，大力发展产业链金融；三是根据装备制造业不同行业、不同企业的发展特点和实际情况，大力发展特色化融资产品，创新融资渠道。

（三）实施针对装备制造产业发展的财税政策

首先，集中优势资源，重点支持关键领域产业发展的资金需求。全省聚焦浙江省装备制造业高端发展领域，有重点地扶持如数控机床、集成电路制造技术及成套工艺、高端模具、精密轴承等行业企业，通过展开税收优惠，使得高端装备制造领域的研发经费增速高于一般产业；其次，加大各级政府对装备制造产业的创新资金投入，对一些项目风险大、涉及关键领域核心技术的投资开发，政府要相应地分担问题；最后，省内金融监管机构做好装备制造产业的消费税费改革，提高产业固定资产购买进项税的抵扣比例，促进装备制造产业加大新技术的改造力度和使用。

第二节　装备制造业技术创新的海外并购研究

全球经济一体化背景下，浙江装备制造产业的发展已经进入关键阶段，产品附加值低、产业配套能力差、中低端产品较多，产业链条发展较短，这些都影响了浙江省装备制造产业的国际竞争力提升。多年来，浙江省海外并购已成为浙江省对外直接投资的重头戏。其中，有99%以上都由民营企业完成，80%以上投向欧、美、日等发达国家，70%以上主要集中在汽车及零部件、机电装备、生物医药、化工等先进制造业领域。海外并购已经成为浙江省装备制造产业转型升级的重要支撑。

一、装备制造产业并购现状分析

浙江省作为民营经济大省，中小规模企业数量居多，但近年来积极参与全球一体化经济建设，省内涌现了一批跨国企业巨头。2021年，中国企业联合会和中国企业家协会共同发布了"2021中国跨国公司100大"榜单，11家浙江省企业上榜。其中，除了浙江省能源集团，其他10家都是民营企业。浙江省也成为上榜民营企业最多的省份，见表8-1。"2021中国跨国公司100大"评选基于公司拥有海外资产、海外营业收入、海外员工数量等维度。其中，浙江吉利控股集团有限公司以1511.2亿元的境外营业收入进入了"中国100大"海外营业收入的前十位。从行业分析来看，此次上榜的浙江省跨国企业投资制造业项目68个，对外直接投资备案额达189.72亿美元，占总数的77.88%。这其中，汽车制造业、有色金属冶炼和压延加工业、电气机械和器材制造业等装备制造行业占主导地位。

表8-1　"2021年中国跨国公司100大"浙江省民营企业榜单

全国位次	企业	海外资产	海外收入
第13名	浙江吉利控股集团有限公司	1996.5亿元	1511.2亿元

全国位次	企业	海外资产	海外收入
第47名	青山控股集团有限公司	477.1亿元	571.5亿元
第55名	宁波均胜电子股份有限公司	367.6亿元	360.7亿元
第56名	浙江恒逸集团有限公司	365.8亿元	247.3亿元
第57名	万向集团公司	355.6亿元	715.3亿元
第86名	海亮集团有限公司	162.4亿元	341.4亿元
第93名	浙江华友钴业股份有限公司	127.3亿元	121.7亿元
第96名	浙江龙盛控股有限公司	120.0亿元	91.2亿元
第98名	宁波申洲针织有限公司	117.7亿元	124.6亿元
第100名	正泰集团股份有限公司	109.3亿元	101.8亿元

数据来源：中国企业联合会网址。

对标全球装备制造强国，浙江省的经济发展长期以来以中小企业为主，技术积累不足，面临技术升级瓶颈，全球产业链活动中长期处于中低端模块，以其现有的技术储备，难以在短时间内超过欧美等工业发达国家的老牌企业。并购海外企业为装备制造企业突破技术瓶颈提供了难得的机遇和路径，并购方可以在较短的时间内获得收购方的研发团队、技术装备、专利技术和设计能力等，有利于并购企业技术水平的提升，实现浙江产业转型升级。

二、提升装备制造企业海外并购能力路径

装备制造行业的特点决定了仅仅依靠企业自身努力或者政府单方面的支持是远远不够的。需要政府和企业的共同努力才能有效提高浙江省装备制造企业的海外并购能力。

（一）企业方面

1. 提升自身的经营合作能力

企业走上海外并购道路的目的在于通过并购提升企业创新技术，实现企业竞争力增强。如果并购企业的自身技术吸收能力不强，会导致因为并购占用企业创新资源而给企业带来消极影响。因此企业应当努力增加自身的技术吸收能力，更好地吸收利用外来的技术资源实现技术进步和企业创

新。企业并购之前，首先要充分了解自身的科研基础和研发经费投入，以保证并购后双方企业的技术有效整合；其次，企业要加大对研发经费的投入，注重对专业的国际化人才的培养，提升自主研发能力，更加灵活、熟练地将获得的知识技术应用于企业的生产经营过程。

2. 选择合适的并购目标

海外并购能够帮助并购企业迅速进入国际市场，借鉴吸取先进管理经验，获取国外优秀的生产技术和研发团队，进而实现技术上的追赶和产业转型的突破。但是海外并购由于文化和制度的差异导致并购的难度和风险比较大，海外并购的成本比较高。所以，并购企业在进行跨国并购之前要对目标企业具备充分了解，并购标的的选择要格外谨慎，要充分考虑到是否能对目标企业的技术产品进行转型，以及并购后双方员工之间的融合和管理问题。

（二）政府方面

1. 建立有效的中介机构，做好政府服务

发达国家一般都有成熟的中介机构为企业的海外并购提供从目标企业到所属国家监管政策的各个环节信息。国际上比较知名的中介机构有高盛、摩根士丹利等。而我国虽有证券公司、信托投资公司等在内的投资中介机构，但是由于这些中介的实力和经验不够，不能为海外并购企业提供高水平的有效服务。多数并购企业的海外并购评估都由自己主导完成，缺乏一定的科学性。政府应对专业相关的中介机构做好引导，为其发展提供合理的成长环境。

2. 拓宽融资渠道，做好资金支持

海外并购过程所涉及的并购资金数额需求较大，同时对并购资金的便捷性要求较高，这些并非企业的自有资金所能够妥善解决。政府要针对海外并购的资金需求，对并购企业的传统融资渠道加以拓宽，在风险可控的情况下，积极发展融资金融链，鼓励并购企业探索金融产品。

3. 完善并建立相关政策法规

一方面，政府应当为并购企业提供政策上的支持，给予一定程度上的税收优惠，减少企业并购的交易成本。另一方面，由于海外并购关系到我国经济发展和综合国力的提升，政府应参考本国法律以及国际组织政策，制定一套完善的跨国并购法律体系，维护海外并购企业的合法利益。

附　录

附表 1　已同中国签订共建"一带一路"合作文件的国家一览

洲别	国家	具体签订内容
非洲	苏丹	2018 年 7 月，中国—阿拉伯国家合作论坛第八届部长级会议上，中国与苏丹签署共建"一带一路"合作协议
	南非	2018 年 11 月，"一带一路"对接非洲研讨会上，中国与南非签订"一带一路"政府间合作备忘录
	塞内加尔	2018 年 9 月，中国与塞内加尔签署"一带一路"合作文件
	塞拉利昂	2018 年 9 月，中非合作论坛上中国与 28 个非洲国家签署共建"一带一路"谅解备忘录
	科特迪瓦	
	索马里	
	喀麦隆	
	南苏丹	
	塞舌尔	
	几内亚	
	加纳	
	赞比亚	
	莫桑比克	
	加蓬	
	纳米比亚	
	毛里塔尼亚	
	安哥拉	
	吉布提	
	埃塞俄比亚	
	肯尼亚	

洲别	国家	具体签订内容
非洲	尼日利亚	2018 年 9 月，中非合作论坛上中国与 28 个非洲国家签署共建"一带一路"谅解备忘录
	乍得	
	刚果（布）	
	津巴布韦	
	阿尔及利亚	
	坦桑尼亚	
	布隆迪	
	弗得角	
	乌干达	
	冈比亚	
	多哥	
	卢旺达	2018 年 7 月，中国与卢旺达签署"一带一路"建设相关文件
	摩洛哥	2017 年 11 月，中国与摩洛哥签署共建"一带一路"谅解备忘录
	马达加斯加	2017 年 3 月，中国与马达加斯加签署共建"一带一路"谅解备忘录
	突尼斯	2018 年 7 月，中国—阿拉伯国家合作论坛第八届部长级会议上，中国与突尼斯签署共建"一带一路"谅解备忘录
	利比亚	2018 年 7 月，中国—阿拉伯国家合作论坛第八届部长级会议上，中国与利比亚签署共建"一带一路"谅解备忘录
	埃及	2016 年 1 月，中国与埃及签署"一带一路"合作文件
	赤道几内亚	2019 年 4 月，第二届"一带一路"国际合作高峰论坛上，中国与赤道几内亚签署共建"一带一路"谅解备忘录
	利比里亚	2019 年 4 月，第二届"一带一路"国际合作高峰论坛上，中国与利比里亚签署共建"一带一路"谅解备忘录

续附表1

洲别	国家	具体签订内容
亚洲	韩国	2015 年 10 月，中国与韩国签署合作谅解备忘录，对接"一带一路"倡议和韩国的"欧亚倡议"
	蒙古	2017 年 5 月，第一届"一带一路"国际合作高峰论坛上，中国与蒙古、新加坡、东帝汶、马来西亚、缅甸签署政府间"一带一路"谅解备忘录
	新加坡	
	东帝汶	
	马来西亚	
	缅甸	
	柬埔寨	2016 年 10 月，中国与柬埔寨签署"一带一路"合作文件
	越南	2017 年 11 月，中国与越南签署共建"一带一路"和"两廊一圈"合作备忘录
	文莱	2017 年 9 月，中国与文莱签署"一带一路"等双边合作文件
	巴基斯坦	2017 年 5 月，第一届"一带一路"国际合作高峰论坛上，中国与巴基斯坦签署政府间"一带一路"合作谅解备忘录
	斯里兰卡	2014 年 12 月，中国与斯里兰卡签署有关共建"21 世纪海上丝绸之路"合作备忘录
	孟加拉国	2016 年 10 月，中国与孟加拉国签署《关于编制共同推进"一带一路"建设合作规划纲要的谅解备忘录》
	尼泊尔	2017 年 5 月，中国与尼泊尔签署政府间"一带一路"合作谅解备忘录
	马尔代夫	2017 年 12 月，中国与马尔代夫签署政府间共同推进"一带一路"建设谅解备忘录
	阿联酋	2018 年 7 月，中国与阿联酋签署共建"一带一路"谅解备忘录
	科威特	2018 年 7 月，中国与科威特签署"一带一路"等双边合作文件
	土耳其	2015 年 11 月，中国与土耳其签署共建"一带一路"谅解备忘录
	卡塔尔	2015 年 11 月，中国与卡塔尔签署"一带一路"等领域合作文件
	阿曼	2018 年 5 月，中国与阿曼签署共建"一带一路"谅解备忘录
	黎巴嫩	2017 年 9 月，中国与黎巴嫩签署共建"一带一路"合作文件

洲别	国家	具体签订内容
亚洲	沙特阿拉伯	2017年3月，中国与沙特阿拉伯签署关于建立全面战略伙伴关系的联合声明
	巴林	2018年7月，中国与巴林签署共同推进"一带一路"建设的谅解备忘录
	伊朗	2017年3月，中国与伊朗建立全面战略伙伴关系
	阿富汗	2017年3月，中国与阿富汗建立全面战略伙伴关系
	阿塞拜疆	2015年12月，中国与阿塞拜疆签署《中阿关于共同推进丝绸之路经济带建设的谅解备忘录》
	格鲁吉亚	2015年3月，中国与格鲁吉亚启动自贸区可行性研究并签署共建"丝绸之路经济带"合作文件
	亚美尼亚	2017年3月，中国与亚美尼亚签署关于进一步发展和深化友好合作关系的联合声明
	哈萨克斯坦	2014年12月，中国与哈萨克斯坦签署关于共同推进丝绸之路经济带建设的谅解备忘录
	吉尔吉斯斯坦	2018年6月，中国与吉尔吉斯斯坦签署关于建立全面战略伙伴关系的联合声明
	塔吉克斯坦	2015年9月，中国与塔吉克斯坦签署《关于编制中塔合作规划纲要的谅解备忘录》
	乌兹别克斯坦	2015年6月，中国与乌兹别克斯坦签署共建"丝绸之路经济带"合作文件
	泰国	2017年9月，中国与泰国签署"一带一路"建设和铁路等双边合作文件
	印度尼西亚	2018年11月，中国与印度尼西亚签署推进"一带一路"和"全球海洋支点"建设谅解备忘录
	菲律宾	2018年11月，中国与菲律宾签署联合声明
	也门	2019年4月，第二届"一带一路"国际合作高峰论坛上，中国与也门签署共建"一带一路"谅解备忘录
	塞浦路斯	2019年4月，中国与塞浦路斯签署共建"一带一路"合作文件

附录

续附表1

洲别	国家	具体签订内容
欧洲	俄罗斯	2017年3月，中国与俄罗斯发布关于丝绸之路经济带建设和欧亚经济联盟建设对接合作的联合声明
	奥地利	2018年4月，中国与奥地利签署"一带一路"合作文件
	希腊	2018年8月，中国与希腊签署共建"一带一路"合作谅解备忘录
	波兰	2019年1月，中国与波兰签署共同推进"一带一路"建设的谅解备忘录
	塞尔维亚	2015年11月，中国与塞尔维亚、捷克、保加利亚、斯洛伐克分别签署政府间共同推进"一带一路"建设的谅解备忘录
	捷克	
	保加利亚	
	斯洛伐克	
	阿尔巴尼亚	2017年5月，中国与阿尔巴尼亚、克罗地亚、波黑、黑山分别签署政府间"一带一路"合作谅解备忘录
	克罗地亚	
	波黑	
	黑山	
	爱沙尼亚	2017年11月，中东欧16国已全部签署"一带一路"合作文件
	立陶宛	
	斯洛文尼亚	
	匈牙利	2019年1月，中国与匈牙利签订关于共同推进丝绸之路经济带和21世纪海上丝绸之路建设的谅解备忘录
	北马其顿	2015年4月，中国与北马其顿签署《中华人民共和国商务部和马其顿共和国经济部关于在中马经贸混委会框架下推进共建丝绸之路经济带谅解备忘录》
	罗马尼亚	2017年5月，中国与罗马尼亚签署《关于在两国经济联委会框架下推进"一带一路"建设的谅解备忘录》
	拉脱维亚	2017年3月，中国与拉脱维亚签署共建"一带一路"政府间谅解备忘录
	乌克兰	2015年9月，中国与乌克兰签署"一带一路"框架下合作协议
	白俄罗斯	2014年12月，中国与白俄罗斯签署共建"丝绸之路经济带"合作议定书
	摩尔多瓦	2017年11月，中国与摩尔多瓦签署"一带一路"合作文件

洲别	国家	具体签订内容
欧洲	马耳他	2018 年 11 月，中国与马耳他签署共建"一带一路"合作文件
	葡萄牙	2018 年 12 月，中国与葡萄牙签署关于共同推进建设"一带一路"的谅解备忘录
	意大利	2019 年 3 月，中国与意大利签署"一带一路"合作文件
	卢森堡	2019 年 3 月，中国与卢森堡签署共建"一带一路"谅解备忘录
大洋洲	新西兰	2017 年 3 月，中国与新西兰签署"一带一路"倡议合作的安排备忘录
	巴布亚新几内亚	2018 年 6 月，中国与巴布亚新几内亚签署共建"一带一路"合作文件
	萨摩亚	2018 年 10 月，中国与萨摩亚签署"一带一路"倡议合作谅解备忘录
	纽埃	2018 年 7 月，中国与纽埃签署"一带一路"合作谅解备忘录
	斐济	2018 年 11 月，中国与斐济签署共建"一带一路"合作谅解备忘录
	密克罗尼西亚联邦	2018 年 11 月，中国与密克罗尼西亚联邦、库克群岛、汤加签署共建"一带一路"合作协议
	库克群岛	
	汤加	
	瓦努阿图	2018 年 11 月，中国与瓦努阿图签署共同推进"一带一路"建设谅解备忘录
南美洲	智利	2018 年 11 月，中国与智利签署共建"一带一路"合作谅解备忘录
	圭亚那	2018 年 8 月，中国与圭亚那签署"一带一路"合作文件
	玻利维亚	2018 年 6 月，中国与玻利维亚签署共建"一带一路"等双边合作文件
	乌拉圭	2018 年 8 月，中国与乌拉圭签署共建"一带一路"谅解备忘录
	委内瑞拉	2018 年 9 月，中国与委内瑞拉签署共建"一带一路"合作文件
	苏里南	2018 年 9 月，中国与苏里南签署共建"一带一路"合作文件
	厄瓜多尔	2018 年 12 月，中国与厄瓜多尔签署"一带一路"合作文件
	秘鲁	2019 年 4 月，第二届"一带一路"国际合作高峰论坛上，中国与秘鲁签署共建"一带一路"谅解备忘录

续附表1

洲别	国家	具体签订内容
北美洲	哥斯达黎加	2018 年 9 月，中国与哥斯达黎加签署共建"一带一路"谅解备忘录
	巴拿马	2017 年 11 月，中国与巴拿马签署《关于共同推进丝绸之路经济带和 21 世纪海上丝绸之路建设的谅解备忘录》
	萨尔瓦多	2018 年 11 月，中国与萨尔瓦多签署共建"一带一路"合作谅解备忘录
	多米尼加	2018 年 11 月，中国与多米尼加签署共建"一带一路"合作谅解备忘录
	特立尼达和多巴哥	2018 年 5 月，中国与特立尼达和多巴哥签署共建"一带一路"合作文件
	安提瓜和巴布达	2018 年 6 月，中国与安提瓜和巴布达签署共建"一带一路"合作文件
	多米尼克	2018 年 8 月，中国与多米尼克签署共建"一带一路"谅解备忘录
	格林纳达	2018 年 9 月，中国与格林纳达签署共建"一带一路"谅解备忘录
	巴巴多斯	2019 年 2 月，中国与巴巴多斯签署共建"一带一路"合作谅解备忘录
	古巴	2019 年 3 月，中国与古巴签署《关于共同推进丝绸之路经济带和 21 世纪海上丝绸之路建设的谅解备忘录》
	牙买加	2019 年 4 月，中国与牙买加签署共建"一带一路"谅解备忘录

附表 2　通过确认考核的境外经贸合作区名录

序号	合作区名称	境内实施企业名称	合作区简介
1	柬埔寨西哈努克港经济特区	江苏太湖柬埔寨国际经济合作区投资有限公司	柬埔寨西哈努克港经济特区是中柬企业在柬埔寨西哈努克省共同开发建设的国家级经贸合作区，是首个签订双边政府协定、建立双边协调机制的合作区，也是"一带一路"上的标志性项目。一期项目以纺织服装、箱包皮具、木业制品等为主要发展产业，二期项目重点引入五金机械、建材家居、精细化工等产业

序号	合作区名称	境内实施企业名称	合作区简介
2	泰国泰中罗勇工业区	华立产业集团有限公司	泰中罗勇工业园是由中国华立集团与泰国安美德集团在泰国合作开发的现代化工业园。该园区总体规划面积12平方千米，包括一般工业区、保税区、物流仓储区和商业生活区，主要吸引汽配、机械、家电等中国企业入园设厂
3	越南龙江工业园	前江投资管理有限责任公司	越南龙江工业园是由前江投资管理有限责任公司在越南前江省投资的工业园项目，总投资1.05亿美元，占地600公顷，其中包括工业区540公顷和住宅服务区60公顷。产业规划主要集中在纺织轻工、机械电子、建材化工三个领域
4	巴基斯坦海尔—鲁巴经济区	海尔集团电器产业有限公司	巴基斯坦海尔—鲁巴经济区是中国商务部批准建设的首个中国境外经济贸易合作区，也是巴政府批准建设的巴基斯坦中国经济特区。主导产业为家电、汽车、纺织、建材、化工等
5	赞比亚中国经济贸易合作区	中国有色矿业集团有限公司	赞比亚中国经济贸易合作区是中国在非洲设立的第一个境外经贸合作区，也是赞比亚政府宣布设立的第一个多功能经济区，由中国有色矿业集团负责园区的开发、建设、运营和管理
6	埃及苏伊士经贸合作区	中非泰达投资股份有限公司	埃及苏伊士经贸合作区是中埃两国重点推进的经贸合作项目。截至2018年年底，泰达合作区共有企业77家，实际投资额超过10亿美元，销售额超过10亿美元，上缴东道国税收10亿埃磅
7	尼日利亚莱基自由贸易区	中非莱基投资有限公司	尼日利亚莱基自由贸易区是中国政府批准的国家级境外经贸合作区，总体规划面积30平方千米，以生产制造业与仓储物流业为主导，以城市服务业与房地产业为支撑
8	俄罗斯乌苏里斯克经济贸易合作区	康吉国际投资有限公司	俄罗斯乌苏里斯克经济贸易合作区占地面积228万平方米，建筑面积116万平方米，设有生产加工、商务区、物流仓储区和生活服务区。重点发展木业加工制作、轻工、机电、建材、家电、服装等产业

序号	合作区名称	境内实施企业名称	合作区简介
9	俄罗斯中俄托木斯克木材工贸合作区	中航林业有限公司	俄罗斯中俄托木斯克木材工贸合作区规划面积6.95平方千米，主要在中国与俄罗斯开展木材贸易业务
10	埃塞俄比亚东方工业园	江苏永元投资有限公司	埃塞俄比亚东方工业园目前是埃塞俄比亚工业经济发展的重大示范项目。目前入园企业80多家，从事水泥生产、制鞋、汽车组装、钢材轧制、纺织服装、日用化工、食品及制药等行业
11	中俄（滨海边疆区）农业产业合作区	黑龙江东宁华信经济贸易有限责任公司	中俄（滨海边疆区）农业产业合作区作为中俄地方合作十个重点项目之一，目前已发展成为集种植、养殖、加工于一体的中俄最大的农业合作项目
12	俄罗斯龙跃林业经贸合作区	黑龙江省牡丹江龙跃经贸有限公司	俄罗斯龙跃林业经贸合作区作为国家林业产业型境外经济贸易合作区，是为国内企业"走出去"搭建的对俄林业合作最大平台
13	匈牙利中欧商贸物流园	山东帝豪国际投资有限公司	中欧商贸物流园是在欧洲地区建设的首个国家级境外经贸合作区和首个国家级商贸物流型境外经贸合作区。目前已经引入包括商贸、物流行业在内的134家企业入驻并生产运营，分别来自中国和欧洲国家
14	吉尔吉斯斯坦亚洲之星农业产业合作区	河南贵友实业集团有限公司	吉尔吉斯斯坦亚洲之星农业产业合作区是农业农村部首批"境外农业合作示范区"建设试点单位，合作区总占地5.67平方千米，建筑面积19万平方米，包括农业种植、畜禽养殖、屠宰加工、饲料加工、物流仓储、农机配件加工、农业自贸保税区、国际贸易中心等产业
15	老挝万象赛色塔综合开发区	云南省海外投资有限公司	老挝万象赛色塔综合开发区是中老两国政府共同确定的国家级合作项目，是老挝国家级经济特区和中国国家级境外经济贸易合作区，该园区重点发展工业产业以及物流、商贸、旅游和房地产
16	乌兹别克斯坦鹏盛工业园	温州市金盛贸易有限公司	乌兹别克斯坦鹏盛工业园是首个中国民营企业在乌兹别克斯坦投资并被两国政府认可、批准的项目。目前，园区已入驻10家企业，主要从事瓷砖、皮革、鞋类、龙头阀门、卫浴、宠物食品等产品的生产

序号	合作区名称	境内实施企业名称	合作区简介
17	中匈宝思德经贸合作区	烟台新益投资有限公司	中匈宝思德经贸合作区由中国政府和匈牙利政府合作建设,是以化工、生物化工为主导产业的加工制造型园区
18	中国·印尼经贸合作区	广西农垦集团有限责任公司	中国·印尼经贸合作区是中国在印度尼西亚设立的第一个集工业生产、仓库、贸易为一体的经济贸易合作区
19	中国·印尼综合产业园区青山园区	上海鼎信投资(集团)有限公司	中国·印尼综合产业园区青山园区作为中印矿产资源开发合作的标志性境外合作区,是中国·印尼系列商务协议中第一个实质性启动的大项目园区,将形成年产200万吨不锈钢坯的生产能力,年销售额可达40亿~50亿美元
20	中国·印尼聚龙农业产业合作区	天津聚龙集团	中国·印尼聚龙农业产业合作区主要开发建设东南亚棕榈种植基地、非洲棕榈种植基地、南美大豆油脂油料基地

附表3 装备制造业子行业分类

代码				类别名称
门类	大类	中类	小类	
				制造业
		金属制品业		
			结构性金属制品制造	
		331	3311	金属结构制造
			3312	金属门窗制造
			金属工具制造	
			3321	切削工具制造
C	33	332	3322	手工具制造
			3323	农用及园林用金属工具制造
			3324	刀剪及类似日用金属工具制造
			3329	其他金属工具制造
			集装箱及金属包装容器制造	
		333	3331	集装箱制造
			3332	金属压力容器制造
			3333	金属包装容器及材料制造

续附表3

代码				类别名称
门类	大类	中类	小类	
				制造业
C	33	334	3340	金属丝绳及其制品制造
		335		建筑、安全用金属制品制造
			3351	建筑、家具用金属配件制造
			3352	建筑装饰及水暖管道零件制造
			3353	安全、消防用金属制品制造
			3359	其他建筑、安全用金属制品制造
		336	3360	金属表面处理及热处理加工
		337		搪瓷制品制造
			3371	生产专用搪瓷制品制造
			3372	建筑装饰搪瓷制品制造
			3373	搪瓷卫生洁具制造
			3379	搪瓷日用品及其他搪瓷制品制造
		338		金属制日用品制造
			3381	金属制厨房用器具制造
			3382	金属制餐具和器皿制造
			3383	金属制卫生器具制造
			3389	其他金属制日用品制造
		339		铸造及其他金属制品制造
			3391	黑色金属铸造
			3392	有色金属铸造
			3393	锻件及粉末冶金制品制造
			3394	交通及公共管理用金属标牌制造
			3399	其他未列明金属制品制造

代码				类别名称
门类	大类	中类	小类	
				制造业
				通用设备制造业
				锅炉及原动设备制造
			3411	锅炉及辅助设备制造
			3412	内燃机及配件制造
		341	3413	汽轮机及辅机制造
			3414	水轮机及辅机制造
			3415	风能原动设备制造
			3419	其他原动设备制造
				金属加工机械制造
			3421	金属切削机床制造
			3422	金属成形机床制造
C	34	342	3423	铸造机械制造
			3424	金属切割及焊接设备制造
			3425	机床功能部件及附件制造
			3429	其他金属加工机械制造
				物料搬运设备制造
			3431	轻小型起重设备制造
			3432	生产专用起重机制造
			3433	生产专用车辆制造
		343	3434	连续搬运设备制造
			3435	电梯、自动扶梯及升降机制造
			3436	客运索道制造
			3437	机械式停车设备制造
			3439	其他物料搬运设备制造

续附表3

代码				类别名称
门类	大类	中类	小类	
				制造业
C	34	344		泵、阀门、压缩机及类似机械制造
			3441	泵及真空设备制造
			3442	气体压缩机械制造
			3443	阀门和旋塞制造
			3444	液压动力机械及元件制造
			3445	液力动力机械元件制造
			3446	气压动力机械及元件制造
		345		轴承、齿轮和传动部件制造
			3451	滚动轴承制造
			3452	滑动轴承制造
			3453	齿轮及齿轮减、变速箱制造
			3459	其他传动部件制造
		346		烘炉、风机、包装等设备制造
			3461	烘炉、熔炉及电炉制造
			3462	风机、风扇制造
			3463	气体、液体分离及纯净设备制造
			3464	制冷、空调设备制造
			3465	风动和电动工具制造
			3466	喷枪及类似器具制造
			3467	包装专用设备制造
		347		文化、办公用机械制造
			3471	电影机械制造
			3472	幻灯及投影设备制造
			3473	照相机及器材制造
			3474	复印和胶印设备制造
			3475	计算器及货币专用设备制造
			3479	其他文化、办公用机械制造

代码				类别名称
门类	大类	中类	小类	
				制造业
	34	348		通用零部件制造
			3481	金属密封件制造
			3482	紧固件制造
			3483	弹簧制造
			3484	机械零部件加工
			3489	其他通用零部件制造
		349		其他通用设备制造业
			3491	工业机器人制造
C			3492	特殊作业机器人制造
			3493	增材制造装备制造
			3499	其他未列明通用设备制造业
	35			专用设备制造业
		351		采矿、冶金、建筑专用设备制造
			3511	矿山机械制造
			3512	石油钻采专用设备制造
			3513	深海石油钻探设备制造
			3514	建筑工程用机械制造
			3515	建筑材料生产专用机械制造
			3516	冶金专用设备制造
			3517	隧道施工专用机械制造
		352		化工、木材、非金属加工专用设备制造
			3521	炼油、化工生产专用设备制造
			3522	橡胶加工专用设备制造
			3523	塑料加工专用设备制造
			3524	木竹材加工机械制造
			3525	模具制造
			3529	其他非金属加工专用设备制造

续附表3

代码				类别名称
门类	大类	中类	小类	
				制造业
C	35	353		食品、饮料、烟草及饲料生产专用设备制造
			3531	食品、酒、饮料及茶生产专用设备制造
			3532	农副食品加工专用设备制造
			3533	烟草生产专用设备制造
			3534	饲料生产专用设备制造
		354		印刷、制药、日化及日用品生产专用设备制造
			3541	制浆和造纸专用设备制造
			3542	印刷专用设备制造
			3543	日用化工专用设备制造
			3544	制药专用设备制造
			3545	照明器具生产专用设备制造
			3546	玻璃、陶瓷和搪瓷制品生产专用设备制造
			3549	其他日用品生产专用设备制造
		355		纺织、服装和皮革加工专用设备制造
			3551	纺织专用设备制造
			3552	皮革、毛皮及其制品加工专用设备制造
			3553	缝制机械制造
			3554	洗涤机械制造
		356		电子和电工机械专用设备制造
			3561	电工机械专用设备制造
			3562	半导体器件专用设备制造
			3563	电子元器件与机电组件设备制造
			3569	其他电子专用设备制造

代码				类别名称
门类	大类	中类	小类	
C	35			制造业
		357		农、林、牧、渔专用机械制造
			3571	拖拉机制造
			3572	机械化农业及园艺机具制造
			3573	营林及木竹采伐机械制造
			3574	畜牧机械制造
			3575	渔业机械制造
			3576	农林牧渔机械配件制造
			3577	棉花加工机械制造
			3579	其他农、林、牧、渔业机械制造
		358		医疗仪器设备及器械制造
			3581	医疗诊断、监护及治疗设备制造
			3582	口腔科用设备及器具制造
			3583	医疗实验室及医用消毒设备和器具制造
			3584	医疗、外科及兽医用器械制造
			3585	机械治疗及病房护理设备制造
			3586	康复辅具制造
			3587	眼镜制造
			3589	其他医疗设备及器械制造
		359		环保、邮政、社会公共服务及其他专用设备制造
			3591	环境保护专用设备制造
			3592	地质勘查专用设备制造
			3593	邮政专用机械及器材制造
			3594	商业、饮食、服务专用设备制造
			3595	社会公共安全设备及器材制造
			3596	交通安全、管制及类似专用设备制造
			3597	水资源专用机械制造
			3599	其他专用设备制造

续附表3

代码				类别名称
门类	大类	中类	小类	
				制造业
C	36			汽车制造业
		361		汽车整车制造
			3611	汽柴油车整车制造
			3612	新能源车整车制造
		362	3620	汽车用发动机制造
		363	3630	改装汽车制造
		364	3640	低速汽车制造
		365	3650	电车制造
		366	3660	汽车车身、挂车制造
		367	3670	汽车零部件及配件制造
	37			铁路、船舶、航空航天和其他运输设备制造业
		371		铁路运输设备制造
			3711	高铁车组制造
			3712	铁路机车车辆制造
			3713	窄轨机车车辆制造
			3714	高铁设备、配件制造
			3715	铁路机车车辆配件制造
			3716	铁路专用设备及器材、配件制造
			3719	其他铁路运输设备制造
		372	3720	城市轨道交通设备制造
		373		船舶及相关装置制造
			3731	金属船舶制造
			3732	非金属船舶制造
			3733	娱乐船和运动船制造
			3734	船用配套设备制造
			3735	船舶改装
			3736	船舶拆除
			3737	海洋工程装备制造
			3739	航标器材及其他相关装置制造

代码				类别名称
门类	大类	中类	小类	
				制造业
C	37	374		航空、航天器及设备制造
			3741	飞机制造
			3742	航天器及运载火箭制造
			3743	航天相关设备制造
			3744	航空相关设备制造
			3749	其他航空航天器制造
		375		摩托车制造
			3751	摩托车整车制造
			3752	摩托车零部件及配件制造
		376		自行车和残疾人座车制造
			3761	自行车制造
			3762	残疾人座车制造
		377	3770	助动车制造
		378	3780	非公路休闲车及零配件制造
		379		潜水救捞及其他未列明运输设备制造
			3791	潜水装备制造
			3792	水下救捞装备制造
			3799	其他未列明运输设备制造
	38			电气机械和器材制造业
		381		电机制造
			3811	发电机及发电机组制造
			3812	电动机制造
			3813	微特电机及组件制造
			3819	其他电机制造

续附表3

代码				类别名称
门类	大类	中类	小类	
				制造业
C	38	382		输配电及控制设备制造
			3821	变压器、整流器和电感器制造
			3822	电容器及其配套设备制造
			3823	配电开关控制设备制造
			3824	电力电子元器件制造
			3825	光伏设备及元器件制造
			3829	其他输配电及控制设备制造
		383		电线、电缆、光缆及电工器材制造
			3831	电线、电缆制造
			3832	光纤制造
			3833	光缆制造
			3834	绝缘制品制造
			3839	其他电工器材制造
		384		电池制造
			3841	锂离子电池制造
			3842	镍氢电池制造
			3843	铅蓄电池制造
			3844	锌锰电池制造
			3849	其他电池制造
		385		家用电力器具制造
			3851	家用制冷电器具制造
			3852	家用空气调节器制造
			3853	家用通风电器具制造
			3854	家用厨房电器具制造
			3855	家用清洁卫生电器具制造
			3856	家用美容、保健护理电器具制造
			3857	家用电力器具专用配件制造
			3859	其他家用电力器具制造

代码				类别名称
门类	大类	中类	小类	
				制造业
		386		非电力家用器具制造
			3861	燃气及类似能源家用器具制造
			3862	太阳能器具制造
			3869	其他非电力家用器具制造
	38	387		照明器具制造
			3871	电光源制造
			3872	照明灯具制造
			3873	舞台及场地用灯制造
			3874	智能照明器具制造
			3879	灯用电器附件及其他照明器具制造
		389		其他电气机械及器材制造
			3891	电气信号设备装置制造
C			3899	其他未列明电气机械及器材制造
				计算机、通信和其他电子设备制造业
		391		计算机制造
			3911	计算机整机制造
			3912	计算机零部件制造
			3913	计算机外围设备制造
			3914	工业控制计算机及系统制造
			3915	信息安全设备制造
			3919	其他计算机制造
	39	392		通信设备制造
			3921	通信系统设备制造
			3922	通信终端设备制造
		393		广播电视设备制造
			3931	广播电视节目制作及发射设备制造
			3932	广播电视接收设备制造
			3933	广播电视专用配件制造
			3934	专业音响设备制造
			3939	应用电视设备及其他广播电视设备制造

续附表3

代码				类别名称
门类	大类	中类	小类	
				制造业
		394	3940	雷达及配套设备制造
		395		非专业视听设备制造
			3951	电视机制造
			3952	音响设备制造
			3953	影视录放设备制造
		396		智能消费设备制造
			3961	可穿戴智能设备制造
			3962	智能车载设备制造
			3963	智能无人飞行器制造
			3964	服务消费机器人制造
			3969	其他智能消费设备制造
C	39	397		电子器件制造
			3971	电子真空器件制造
			3972	半导体分立器件制造
			3973	集成电路制造
			3974	显示器件制造
			3975	半导体照明器件制造
			3976	光电子器件制造
			3979	其他电子器件制造
		398		电子元件及电子专用材料制造
			3981	电阻、电容、电感元件制造
			3982	电子电路制造
			3983	敏感元件及传感器制造
			3984	电声器件及零件制造
			3985	电子专用材料制造
			3989	其他电子元件制造
		399	3990	其他电子设备制造

代码				类别名称
门类	大类	中类	小类	
				制造业
				仪器仪表制造业
				通用仪器仪表制造
		401	4011	工业自动控制系统装置制造
			4012	电工仪器仪表制造
			4013	绘图、计算及测量仪器制造
			4014	实验分析仪器制造
			4015	试验机制造
			4016	供应用仪器仪表制造
			4019	其他通用仪器制造
C	40			专用仪器仪表制造
		402	4021	环境监测专用仪器仪表制造
			4022	运输设备及生产用计数仪表制造
			4023	导航、测绘、气象及海洋专用仪器制造
			4024	农林牧渔专用仪器仪表制造
			4025	地质勘探和地震专用仪器制造
			4026	教学专用仪器制造
			4027	核子及核辐射测量仪器制造
			4028	电子测量仪器制造
			4029	其他专用仪器制造
		403	4030	钟表与计时仪器制造
		404	4040	光学仪器制造
		405	4050	衡器制造
		409	4090	其他仪器仪表制造

参考文献

[1] 唐晓华，高鹏. 全球价值链视角下中国制造业企业海外并购的动因与趋势分析 [J]. 经济问题探索，2019 (3).

[2] 宋林，彬彬. 我国上市公司跨国并购动因及影响因素研究——基于多项 Logit 模型的实证分析 [J]. 北京工商大学学报（社会科学版），2016 (5).

[3] 廖东声，刘曦. 中国制造业企业海外并欧股问题的研究 [J]. 会计之友，2017 (2).

[4] 蔡政元，巴曙松. 基于国别估值视角下的跨国并购研究 [J]. 上海金融，2018 (10).

[5] 郑磊. 对外直接投资与产业结构升级——基于中国对东盟直接投资的行业数据分析 [J]. 经济问题，2012 (2).

[6] 张辉. 全球价值链下北京产业升级研究 [M]. 北京：北京大学出版社，2007.

[7] 宋泓. 战略性新兴产业的发展——宁波和国内相关城市比较研究 [M]. 北京：中国社会科学出版社，2013.

[8] 吴进红. 开放经济与产业结构升级 [M]. 北京：社科文献出版社，2007.

[9] Pomfret R，Sourdin P. Global Value Chains and Connectivity in Developing Asia—with Application to the Central and West Asian Region [R]. ADB Working Paper，2014 (142).

[10] OECD. Cardiac Arrest or Dizzy Spell：Why is World Trade So Weak and What Can Policy Do About It [R]. OECD Economic Policy Paper，2016 (18).

[11] Gereffi Korzeniewicz M. Commodity Chains and Global Capitalism

[J]．Contemporary Sociology，1994（24）．

[12] 王直，魏尚进，祝坤福．总贸易核算法：官方贸易统计与全球价值链的度量 [J]．中国社会科学，2015（9）．

[13] 张慧明，蔡银寅．中国制造业如何走出"低端锁定"——基于面板数据的实证研究 [J]．国际经贸探索，2015（1）．

[14] 卢锋，李昕，李双双，等．为什么是中国？——"一带一路"的经济逻辑 [J]．国际经济评论，2015（3）．

[15] 刘友金，胡黎明．产品内分工、价值链重组与产业转移——兼论产业转移过程中的大国战略 [J]．中国软科学，2011（3）．

[16] 张良悦，刘东．"一带一路"与中国经济发展 [J]．经济学家，2015（11）．

[17] 魏浩．中国进口商品的国别结构及相互依赖程度研究 [J]．财贸经济，2014（4）．

[18] 陈凤仙，王琛伟．从模仿到创新——中国创新型国家建设中的最优知识产权保护 [J]．财贸经济，2015（1）．

[19] 刘敏，赵璟，薛伟贤．"一带一路"产能合作与发展中国家全球价值链地位提升 [J]．国际经贸探索，2018（8）．

[20] 黄先海，余骁．以"一带一路"建设重塑全球价值链 [J]．经济学家，2017（3）．

[21] 董千里．网链绿色延伸："一带一路"重卡产能合作的价值链提升 [J]．中国流通经济，2018（6）．

[22] Gereffi．International Trade and Industrial Upgrading in the Apparel Commodity Chain [J]．Journal of International Economics，1999（48）．

[23] Humphrey J，Schmitz H．How does Insertion in Global Value Chains Affect Upgrading Industrial Clusters? [J]．Regional Studies，2002（9）．

[24] Poont Shuk C．Beyond the Global Production Networks：A Case of Further Upgrading of Taiwan's Information Technology Industry [J]．International Journal of Technology and Globalization，2004（1）．

[25] 王岚．融入全球价值链对中国制造业国际分工地位的影响 [J]．统计研究，2014（5）．

179

［26］张勇. 论 21 世纪海上丝绸之路国家发展战略意义［J］. 中国海洋大学学报，2014（5）.

［27］柳思思. "一带一路"：跨境次区域合作理论研究的新进路［J］. 南亚研究，2014（2）.

［28］白永秀，王颂吉. 丝绸之路经济带的纵深背景与地缘战略［J］. 改革，2014（3）.

［29］东艳. 全球贸易规则的发展趋势与中国的机遇［J］. 国际经济评论，2014（1）.

［30］赵丽娜. 区域经济一体化的新发展及中国的战略选择［J］. 理论学刊，2013（11）.

［31］Humphrey J，Schmitz H. Governance in Global Value Chains［J］. IDS Bulletin，2001（32）.

［32］Gereffi，Humphrey J，Sturgeon T. The Governance of Global Value Chains［J］. Review of International Political Economy，2005（12）.

［33］曾贵，李宏祥，田华荣. 加工贸易梯度转移研究——基于"雁行理论"的视角［J］. 经济与管理，2011（1）.

［34］Jones R，Kierzkowski H. The Role of Services in Production and International Trade：A Theoretical Framework［J］. AJR American Journal of Roentgenology，1990（156）.

［35］Arndt S W，Kierzkowski H. Fragmentation：New Production Patterns in the World Economy［J］. Weltwirtschaftliches Archiv，2002（3）.

［36］张远鹏，李玉杰. 对外直接投资对中国产业升级的影响研究［J］. 世界经济与政治论坛，2014.

［37］张其仔，李颢. 中国产业升级机会的甄别［J］. 中国工业经济，2013（5）.

［38］张亭，刘林青. 中美产业升级的路径选择比较——基于产品空间理论的分析［J］. 经济管理，2016（8）.

［39］Porter M E. Competitive Advantage：Creating and Sustaining Superior Performance［M］. Free Press，1985.

［40］Kogut B. Designing Global Strategies：Profiting from Operational

Flexibility [J]. Sloan Management Review，1985 (27).

[41] Gereffi G. Commodity Chains and Global Capitalism [M]. Westport，CT：Greenwood Press and Praeger，1994.

[42] 张建伟. 市场需求与 FDI 流入 [D]. 沈阳：辽宁大学，2017.

[43] 李莹莹，景守武，张玉坤. 外商直接投资区位选择的影响因素实证分析——基于丝绸之路经济带西北五省区面板数据 [J]. 区域金融研究，2017 (1).

[44] 毛一彬. 基础设施质量对外商直接投资的影响 [D]. 南京：南京大学，2018.

[45] 吴海英. 全球价值链对产业升级的影响 [D]. 北京：中央财经大学，2016.

[46] 赵桐. 双重价值链视角下京津冀地区装备制造业产业升级研究 [D]. 秦皇岛：燕山大学，2018.

[47] 赵桐，宋之杰. 中国装备制造业的双重价值链分工——基于区域总产出增加值完全分解模型 [J]. 国际贸易问题，2018 (11).

[48] 黄新飞. 国际贸易、FDI 和国际 R&D 溢出——基于中国省份面板数据的实证分析 [J]. 中山大学学报（社会科学版），2018 (2).

[49] 钱方明. 基于 NVC 的长三角传统制造业升级机理研究 [J]. 科研管理，2013 (34).

[50] 刘冰，周绍东. 基于技术和市场内生互动的中国产业升级路径研究 [J]. 管理世界，2014 (2).

[51] 谢锐，杨玉华. 中国出口贸易国内技术含量变迁及其国际比较 [J]. 国际经贸探索，2016 (32).

[52] Helpman，Elhanan. Trade，FDI，and the Organization of Firms [J]. Journal of Economic Literature，2006 (3).

[53] Kolstad I，Wiig A. What Determines Chinese Outward FDI? [J]. Journal of World Business，2012 (1).

[54] 丁小义，胡双丹. 基于国内增值的中国出口复杂度测度分析 [J]. 国际贸易问题，2013 (4).

[55] 邓军. 所见非所得：增加值贸易统计下的中国对外贸易特征 [J]. 世界经济研究，2014 (1).

[56] 齐俊妍，王岚. 贸易转型、技术升级和中国出口品国内完全技术含

量演进 [J]. 世界经济, 2015 (3).

[57] 张其仔, 李蕾. 制造业转型升级与地区经济增长 [J]. 经济与管理研究, 2017 (38).

[58] 李慧, 平芳芳. 装备制造业产业结构升级程度测量 [J]. 中国科技论坛, 2017 (2).

[59] Leamer E E, Storper M. The Economic Geography of the Internet Age [J]. Journal of International Business Studies, 2001 (32).

[60] Grossman G M, Helpman E. Managerial Incentives and International Organizatin of Production [J]. Journal of International Economics, 2004 (63).

[61] 张亭, 刘林青. 产品复杂性水平对中日产业升级影响的比较研究——基于产品空间理论的实证分析 [J]. 经济管理, 2017 (5).

[62] 陈昊. 中国 OFDI 与母国产业升级: 基于国别差异视角的研究 [D]. 杭州: 浙江大学, 2018.

[63] 卜伟, 易倩. OFDI 对我国产业升级的影响研究 [J]. 宏观经济研究, 2015 (10).

[64] 陈菲琼, 钟芳芳, 陈珧. 中国对外直接投资与技术创新研究 [J]. 浙江大学学报 (人文社会科学版), 2013 (4).

[65] Maurer A, Degain C. Globalization and Trade Flows: What You See is not What You Get [J]. Journal of International Commerce Economics & Policy, 2012 (3).

[66] Hioki S, Hewings G J D, Okamoto N. Identifying the Structural Changes of China's Spatial Production Linkages Using a Qualitative Input−Output Analysis [J]. The Journal of Econometric Study of Northeast Asia, 2005 (6).

[67] Beverelli C, Koopman R, Kummritz V. Domestic Foundations of Global Value Chains [J]. Social Science Electronic Publishing, 2016 (12).

[68] 陈昊, 吴雯. 中国 OFDI 国别差异与母国技术进步 [J]. 科学学研究, 2016 (34).

[69] 季良玉. 技术创新影响中国制造业转型升级的路径研究 [D]. 南京: 东南大学, 2016.

［70］张娜，杨秀云，李小光. 我国高技术产业技术创新影响因素分析［J］. 经济问题探索，2015（5）.

［71］余子鹏，王今朝. 我国企业技术创新选择影响因素的实证分析［J］. 科研管理，2015（7）.

［72］吕铁，周叔莲. 中国的产业结构升级与经济增长方式转变［J］. 管理世界，1999（1）.

［73］罗攀生，尹晓婷，邹莉. "一带一路"建设视角下中国高端装备出口的机遇与策略［J］. 对外经济贸易实务，2020（10）.

［74］王厚双，盛新宇. 中国高端装备制造业国际竞争力比较研究［J］. 大连理工大学学报（社会科学版），2020（1）.

［75］郑智昊. 中国高端装备制造业国际竞争力分析——基于 CMS 模型［J］. 现代商贸工业，2019（19）.

［76］赵子健，傅佳屏. 中国装备制造业的区域差异、影响因素与高端化战略［J］. 系统管理学报，2020（1）.

［77］张屹. 贸易摩擦形势下高新技术企业转型升级问题研究［J］. 现代管理科学，2020（1）.

［78］夏玲. 数字技术赋能浙江省装备制造产业结构升级研究［D］. 哈尔滨：哈尔滨商业大学，2021.

［79］Meng B，Yamano N，Inomata S，et al. Compilation of a Regionally－Extended Inter－Country Input－Output Table and Its Application to Global Value Chain Analysis［J］. Journal of Economic Structures，2017（6）.

［80］Meng B，Fang Y，Guo J，et al. Measuring China's Domestic Production Networks Through Trade in Value－added Perspectives［J］. Economic Systems Research，2017（29）.

［81］Ngo C N. Local Value Chain Development in Vietnam：Motorcycles，Technical Learning and Rents Management［J］. Journal of Contemporary Asia，2017（47）.

［82］赵福全，刘宗巍，史天泽. 工业 4.0 与精益思想关系辨析及中国中小企业应对策略［J］. 科技管理研究，2018（38）.

［83］万志远，戈鹏，张晓林，等. 智能制造背景下装备制造业产业升级研究［J］. 世界科技研究与发展，2018（40）.

参考文献

[84] 王德辉，吴子昂. 数字经济促进我国制造业转型升级的机制与对策研究 [J]. 长白学刊，2020（2）.

[85] 李艺铭，王忠. 数字经济时代融合式创新模式及技术成果转化路径 [J]. 科技导报，2020（24）.

[86] 郭树华，郑宇轩，蒙昱竹. 产业结构升级对城市化推进的影响、效果与机制 [J]. 工业技术经济，2021（40）.

[87] 刘军，杨渊鋆，张三峰. 中国数字经济测度与驱动因素研究 [J]. 上海经济研究，2020（6）.

[88] 马丹，郁霞，翁作义. 中国制造"低端锁定"破局之路：基于国内外双循环的新视角 [J]. 统计与信息论坛，2021（36）.

[89] 赵蓉，赵立祥，苏映雪. 全球价值链嵌入、区域融合发展与制造业产业升级——基于双循环新发展格局的思考 [J]. 南方经济，2020（10）.

[90] 曾繁华，杨馥华，侯晓东. 创新驱动制造业转型升级演化路径研究——基于全球价值链治理视角 [J]. 贵州社会科学，2016（11）.

[91] Saad R M, Noor A H M, Nor A H S M. Developing Countries' Outward Investment：Push Factors for Malaysia [J]. Procedia－Social and Behavioral Sciences，2014（130）.

[92] Deng P. Investing for Strategic Resources and Its Rationale：The Case of Outward FDI from Chinese Companies [J]. Business Horizons，2007（50）.

[93] 盛朝迅. 新发展格局下推动产业链供应链安全稳定发展的思路与策略 [J]. 改革，2021（2）.

[94] 陈晓东，杨晓霞. 数字经济可以实现产业链的最优强度吗？——基于 1987—2017 年中国投入产出表面板数据 [J]. 南京社会科学，2021（2）.

[95] 梁颖，卢潇潇. 发展中国家如何实现产业升级？——基于价值链转变视角的文献述评 [J]. 广西大学学报（哲学社会科学版），2019（41）.

[96] 焦勇. 数字经济赋能制造业转型：从价值重塑到价值创造 [J]. 经济学家，2020（6）.

[97] 郭周明，裘莹. 数字经济时代全球价值链的重构：典型事实、理论

机制与中国策略［J］. 改革，2020（10）.

［98］宋宪萍，贾芸菲. 全球价值链的深度嵌入与技术进步关系的机理与测算［J］. 经济纵横，2019（12）.

［99］蒋殿春，王春宇. 外商直接投资与中国制造业产业升级［J］. 南开学报（哲学社会科学版），2020（4）.

［100］陶长琪，徐茉，喻家驹. 政府创新投入、区际关联与产业结构升级——以中国 283 个城市为例的实证分析［J］. 统计与信息论坛，2020（35）.

［101］沈宏亮，张佳，刘玉伟. 产业集聚、FDI 约束与产业升级——基于中国工业企业数据的实证分析［J］. 商业经济研究，2020（2）.

［102］李春生. 城镇化对产业结构升级的作用机制与实证分析［J］. 经济问题探索，2018（1）.

［103］赵剑波. 新基建助力中国数字经济发展的机理与路径［J］. 区域经济评论，2021（2）.

［104］王俊豪，周晟佳. 中国数字产业发展的现状、特征及其溢出效应［J］. 数量经济技术经济研究，2021（38）.

［105］祝合良，王春娟. 数字经济引领产业高质量发展：理论、机理与路径［J］. 财经理论与实践，2020（41）.

［106］陈秀英，刘胜. 智能制造转型对产业结构升级影响的实证研究［J］. 统计与决策，2020（36）.

［107］李娴. 国际标准产业分类更新及启示［D］. 大连：东北财经大学，2012.

［108］冯梅，郑紫夫. 中国企业海外并购绩效影响因素的实证研究［J］. 宏观经济研究，2016（1）.

［109］余鹏翼，王满四. 国内上市公司跨国并购绩效影响因素的实证研究［J］. 会计研究，2014（3）.

［110］李莉. 中国企业跨国并购中的文化冲突及整合研究［J］. 中国管理信息化，2020（15）.

［111］陶妮. "一带一路"沿线国跨国并购财务绩效及其影响因素——基于沪深主板上市公司并购案例［D］. 苏州：苏州大学，2018.

［112］贾凯慧. "一带一路"背景下企业跨国并购的绩效分析——工商银行并购国际银行的案例研究［C］//第十二届中国管理学年会论文

集，2017.

[113] 徐洲. 企业的跨国并购融资支付方式的探究 [J]. 生产力研究，
2019 (2).